Corpo, gênero e sexualidade

Dados Internacionais de Catalogação na Publicação (CIP)
(Câmara Brasileira do Livro, SP, Brasil)

Corpo, gênero e sexualidade : um debate contemporâneo na educação / Guacira Lopes Louro, Jane Felipe, Silvana Vilodre Goellner (organizadoras). – Petrópolis, RJ : Vozes, 2003.

ISBN 85.326.2914-8

Vários autores.

1. Educação – Finalidades e objetivos I. Louro, Guacira Lopes. II. Neckel, Jane Felipe. III. Goellner, Silvana Vilodre.

03-4011 CDD-370.11

Índices para catálogo sistemático:

1. Educação : Finalidades e objetivos 370.11

Guacira Lopes Louro
Jane Felipe
Silvana Vilodre Goellner
(orgs.)

Corpo, gênero e sexualidade

Um debate contemporâneo na educação

2ª Edição

EDITORA
VOZES

Petrópolis
2005

Rua Frei Luís, 100
25689-900 Petrópolis, RJ
Internet: http://www.vozes.com.br
Brasil

Editoração e org. literária: Sheila Ferreira Neiva

ISBN 85.326.2914-8

Este livro foi composto e impresso pela Editora Vozes Ltda.

Sumário

Introdução

Na tradição do humanismo ocidental, aprendemos a pensar o corpo como o elemento menos nobre de uma série de pares: corpo-alma, corpo-espírito, corpo-mente, corpo-razão. Nesses pares, ele ocupava o lugar da natureza em oposição ao da cultura; o local do primitivo em oposição ao do civilizado; o lado animal e instintivo em oposição ao racional ou ao humano. Para que tais dicotomias "funcionassem", ou seja, para que pudéssemos acreditar que elas eram "verdadeiras", era preciso tomar seus pólos como exteriores um ao outro, como independentes e incontaminados. O corpo, nesta lógica tradicional, não poderia ser pensado como instância da cultura ou como esfera da política. Portanto, aqueles e aquelas que se ocupavam com a educação não estavam, aparentemente, preocupados com o corpo.

Aparentemente, apenas aparentemente. Um olhar mais cuidadoso nos mostra que todos os processos educativos sempre estiveram – e estão – preocupados em vigiar, controlar, modelar, corrigir, construir os corpos de meninos e meninas, jovens, homens e mulheres. Os corpos foram – e são – objeto da mais meticulosa atenção, não apenas das escolas, mas de várias instâncias sociais. Eles são o alvo central de muitas pedagogias culturais que, além das instituições escolares e por vezes de forma mais sedutora e eficiente do que essas, veiculam saberes, transmitem valores e, efetivamente, acabam por "produzir" os sujeitos sociais. Nesse processo, as dimensões de gênero e de sexualidade usualmente se tornam alvo de atenção privilegiada. Hoje, a publicidade, o cinema, a televisão, as revistas, os *shopping centers*, as agências de modelos, as academias de ginástica, as campanhas religiosas ou de saúde etc. constituem-se em importantes pedagogias culturais e se voltam, diretamente, para os corpos dos sujeitos. Esses múltiplos discursos, de distintas fontes, pretendem conformar, dar uma forma, aos nossos corpos. Eles nos dizem o que é um corpo educado, saudável, bonito, decente, moderno, "sarado"... Eles nos falam, ao mesmo tempo, das "posições" que os sujeitos ocupam na sociedade. Eles expressam e exercitam jogos de poder.

Este livro trata dessas questões. Resulta do encontro de vários estudiosos e estudiosas, originários de distintos campos disciplinares, em diferentes momentos de sua carreira acadêmica, que vêm, já há algum tempo, analisando essas temáticas na Universidade Federal do Rio Grande do Sul. Reúne estudiosos/as ligados ao Geerge (Grupo de Estudos de Educação e Relações de Gênero), vinculado ao Programa de Pós-graduação em Educação e ao Grecco (Grupo de Estudos Cultura e Corpo), vinculado ao Programa de Pós-graduação em Ciências do Movimento Humano. O livro é resultado, mais diretamente, de um curso de extensão aberto à comunidade, desenvolvido por esses dois grupos, em Porto Alegre, em junho e julho de 2003, com o apoio da Secretaria Municipal de Educação de Porto Alegre, da Fapergs (Fundação de Amparo à Pesquisa do Estado do Rio Grande do Sul), da Pró-reitoria de Extensão e da Pró-reitoria de Pesquisa da UFRGS. A coletânea traz, também, um artigo do Professor Edvaldo Couto, da Universidade Federal da Bahia, que participou do evento. Os textos aqui reunidos têm pontos de contato, mas também revelam a diversidade de perspectivas experimentadas pelos participantes. São, de algum modo, representativos do diálogo e dos debates que estes vêm realizando não apenas entre si mas, mais amplamente, com a literatura nacional e internacional. A pretensão não é, portanto, que este livro traga respostas para questões do corpo, do gênero e da sexualidade, mas que, em vez disso, ele ajude a formular novas perguntas e, muito especialmente, que ele faça pensar.

As organizadoras

1

Gênero e educação: teoria e política

De notícias cotidianas ao tema em questão

Mudanças sociais alimentam a obesidade. Com esta manchete um artigo de jornal (*Zero Hora*, 10/03/2003: 21) anuncia os últimos resultados de estudos que, desde a ótica da Economia, buscam entender a problemática da obesidade, nos EUA, a partir de (ou de forma articulada com) mudanças nas relações sociais e na estrutura e configuração do mercado de trabalho contemporâneo. A pergunta "o trabalho deixa você gordo?" é a "deixa" para que o/a repórter sintetize os principais pontos abordados na matéria:

> Alguns economistas estão sugerindo que sim. O enorme crescimento no número de mulheres trabalhando [fora de casa], dizem eles, e a concomitante diminuição das refeições feitas em casa, podem estar levando os norte-americanos a comer mais *fast food*, com conseqüências previsíveis nas cinturas (*idem*).

Além de registrar que não ouvi um único comentário espontâneo acerca do artigo em foco, preciso relatar, também, que o riso, seguido tanto de comentários jocosos acerca da irrelevância ou do absurdo do tema quanto de comentários do tipo "descobriram o óbvio ululante", foi a primeira reação das pessoas a quem mostrei o recorte. A segunda reação, mais contundente, mas não menos irônica, poderia ser resumida na seguinte frase, expressa por duas ou três militantes e estudiosas feministas: "não me diz que, agora, ainda querem nos culpar por isso também!"

Em qualquer dos casos, as reações registradas – em tempos de guerra do Iraque (noticiada ininterruptamente em tempo real), de alta ou de queda nos preços do dólar e do petróleo, de reformas de previdência e outros "que tais"[1] – evidenciam que o artigo, mesmo tendo sido publicado na seção de economia do jornal de maior circulação no Estado do Rio Grande do Sul, parece ter despertado pouca atenção. Como mulher e como estudiosa de gênero, eu me fiz duas perguntas a partir de sua leitura e das reações que relatei: a temática e, sobretudo, as conclusões do estudo, sintetizadas no artigo para consumo do público em geral, seriam mesmo irrelevantes e inofensivas, considerando-se o arsenal de conhecimentos já gerados pelo campo dos estudos feministas e as conquistas legais asseguradas em decorrência de lutas desses movimentos sociais? Ou, pelo contrário, conclusões "científicas" como essa provocam tão pouco estranhamento porque ainda estamos muito familiarizadas com o pressuposto de que o "lugar natural da mulher é o lar e sua função natural é cuidar da casa e da família" que nem conseguimos enxergar o "ineditismo" ou a "relevância" que justificariam a publicação de estudos com esse teor, com o destaque que lhe foi conferido? E provavelmente vocês, ouvintes/leitoras, devem estar se perguntando qual é a relação entre essa notícia e os comentários que venho fazendo com o tema gênero e educação, que anuncio no título. Construir essa relação é, então, o desafio que me proponho ao tomar essa matéria jornalística e as duas perguntas que enumerei acima, como ponto de partida, para defender dois argumentos, neste artigo:

1) Primeiro: que gênero continua sendo uma ferramenta conceitual, política e pedagógica central quando se pretende elabo-

---

1. Este artigo foi pensado e escrito em março/abril de 2003.

rar e implementar projetos que coloquem em xeque tanto algumas das formas de organização social vigentes quanto as hierarquias e desigualdades delas decorrentes.

2) Segundo: que nada é "natural", nada está dado de antemão, toda verdade - mesmo aquela rotulada de científica - é parcial e provisória e resulta de disputas travadas em diversos âmbitos do social e da cultura e pode, por isso, ser questionada. Desde esse ponto de vista, caberia a nós, educadoras e educadores, investir em projetos educativos que possibilitem mudar os focos usuais dos processos de ensino-aprendizagem vigentes: da busca por respostas prontas para o desenvolvimento da capacidade de elaborar perguntas; das certezas para a dúvida e para a provisoriedade; do caráter prescritivo do conhecimento pedagogizado para um enfoque que estimule a des-naturalização de coisas que aprendemos a tomar como dadas.

Para defender esses argumentos, meu artigo está organizado em três partes que focalizam: a constituição de um campo de estudos feministas no século XX; o conceito de gênero e os desdobramentos teóricos e políticos de sua utilização; um exercício de análise que envolve o uso de algumas de suas dimensões.

A constituição de um campo de estudos feministas no século XX

Embora os movimentos de mulheres e o feminismo tenham construído trajetórias que podem ser contadas de diferentes formas e sob diferentes óticas, as historiadoras, em geral, registram sua história mais recente, fazendo referência a uma primeira e segunda ondas do movimento feminista (Gonçalves, 1998; Louro, 1997). A primeira onda aglutina-se, fundamentalmente, em torno do movimento sufragista, com o qual se buscou estender o direito de votar às mulheres e este, no Brasil, começou, praticamente, com a Proclamação da República, em 1890, e acabou quando o direito ao voto foi estendido às mulheres brasileiras, na constituição de 1934, mais de quarenta anos depois.

É claro que a luta pelo direito ao voto agregou muitas outras reivindicações como, por exemplo, o direito à educação, a condições dignas de trabalho, ao exercício da docência e, nesse sentido, deve-se ressaltar que a história, em geral, se refere a um movimento feminista no singular, mas que já é possível visualizar, desde ali, uma multiplicidade de vertentes políticas que fazem do feminismo um movimento heterogêneo e plural. Basicamente, naquele período histórico, se poderia fazer referência a um feminismo liberal ou burguês, que se engajou mais na luta pelo direito ao voto e pelo acesso ao ensino superior, a um feminismo que se aliou aos movimentos socialistas que lutavam pela formação de sindicatos e por melhores condições de trabalho e salário, e a um feminismo anarquista que articulou à agenda pelo direito à educação questões como o direito de decidir sobre o próprio corpo e sua sexualidade. O movimento é, pois, desde essas origens, multifacetado: de muitos e diferentes grupos de mulheres e de muitas e diferentes necessidades...

A segunda onda do movimento feminista, nos países ocidentais, inscreve-se nos anos 60 e 70 do século XX, no contexto de intensos debates e questionamentos desencadeados pelos movimentos de contestação europeus que culminaram, na França, com as manifestações de maio de 1968. No Brasil, ela se associa, também, à eclosão de movimentos de oposição aos governos da ditadura militar e, depois, aos movimentos de redemocratização da sociedade brasileira, no início dos anos 80. Fundamentalmente, no âmbito dos movimentos feministas, a segunda onda remete ao reconhecimento da necessidade de um investimento mais consistente em produção de conhecimento, com o desenvolvimento sistemático de estudos e de pesquisas que tivessem como objetivo não só denunciar, mas, sobretudo, compreender e explicar a subordinação social e a invisibilidade política a que as mulheres tinham sido historicamente submetidas. Pretendia-se, com isso, qualificar as possíveis formas de intervenção com as quais se pretendia modificar tais condições. Evidentemente que tal subordinação e invisibilidade vinham sendo confrontadas, há centenas de anos, por mulheres camponesas e de classes trabalhadoras que, movidas pela necessidade cotidiana de assegurar sua subsistência, desempenhavam atividades fora do lar, na lavoura, nas oficinas de manufatura e, depois, nas primeiras fábricas que se instalaram com o processo de industrialização.

Desde a segunda metade do século XIX, as mulheres das camadas burguesas européias e americanas passaram a ocupar, também, espaços como escolas e hospitais, mas suas atividades eram, quase sempre, controladas e dirigidas por homens e geralmente representadas como secundárias ou de apoio, ligadas à assistência social, ao cuidado de outros ou à educação. Essas ocupações, os modos como elas foram se organizando como "trabalho de mulher", nas diferentes sociedades e países, constituíram, então, os objetos de investigação de muitos dos primeiros estudos desse campo, cujo maior mérito foi exatamente este: o de colocar as mulheres, seus interesses, necessidades e dificuldades em discussão. Tais estudos levantaram informações antes inexistentes, produziram estatísticas específicas sobre as condições de vida de diferentes grupos de mulheres, apontaram falhas ou silêncios nos registros oficiais, denunciaram o sexismo e a opressão vigentes nas relações de trabalho e nas práticas educativas, estudaram como esse sexismo se reproduzia nos materiais e nos livros didáticos e, ainda, levaram para a academia temas então concebidos como temas menores, quais sejam, o cotidiano, a família, a sexualidade, o trabalho doméstico, etc. Incorporando as características do próprio movimento, esses estudos também trabalhavam com diferentes perspectivas teóricas, aliando-se a campos de estudo como a psicanálise, ou incorporando e tencionando a teorização marxista ou, ainda, produzindo paradigmas feministas como a teoria do patriarcado.

Essa trajetória rica e multifacetada do feminismo também foi, e é, permeada por confrontos e resistências tanto com aqueles e aquelas que continuavam utilizando e reforçando justificativas biológicas ou teológicas para as diferenças e desigualdades entre mulheres e homens, quanto com aqueles que, desde perspectivas marxistas, defendiam a centralidade da categoria de classe social para a compreensão das diferenças e desigualdades sociais.

Assim, seja no âmbito do senso comum ou legitimada pela linguagem científica ou por diferentes matrizes religiosas, nos contextos mais conservadores a biologia e, fundamentalmente, o sexo anatômico foi (e ainda é) constantemente acionado para explicar e justificar essas posições. Nos movimentos mais revolucionários ou progressistas, de inspiração marxista, a ênfase na análise dos processos de produção capitalista e na divisão social do trabalho – onde trabalho produtivo se definia pela inserção neste processo de produção – acabou instaurando, também, uma análise economicista que dificultava a visibilização de outras dimensões implicadas com a subordinação feminina como, por exemplo, as relações de poder que permeavam a vida privada e as relações afetivas e, ainda, a configuração da maternidade e do cuidado de crianças como "destino natural de mulher" (Meyer, 2000a).

E é nesse contexto que as feministas se viram frente ao desafio de demonstrar que não são características anatômicas e fisiológicas, em sentido estrito, ou tampouco desvantagens socioeconômicas tomadas de forma isolada, que definem diferenças apresentadas como justificativa para desigualdades de gênero. O que algumas delas passariam a argumentar, a partir daqui, é que são os modos pelos quais características femininas e masculinas são representadas como mais ou menos valorizadas, as formas pelas quais se re-conhece e se distingue feminino de masculino, aquilo que se torna possível pensar e dizer sobre mulheres e homens que vai constituir, efetivamente, o que passa a ser definido e vivido como masculinidade e feminilidade, em uma dada cultura, em um determinado momento histórico. Um grupo de estudiosas anglo-saxãs começaria a utilizar, então, o termo *gender*, traduzido para o português como gênero, a partir do início da década de 70.

Embora sua introdução fosse cercada por controvérsias e debates que diziam respeito, sobretudo, à pertinência do uso de um termo que invisibilizava o sujeito da luta feminista, ele foi gradativamente incorporado às diversas correntes feministas, sendo necessário frisar que essas incorporações implicaram, também, definições múltiplas e nem sempre convergentes para o conceito. De forma mais genérica, no entanto, pode-se dizer que as diferentes definições convergiam em um ponto: com o conceito de gênero pretendia-se romper a equação na qual a colagem de um determinado gênero a um sexo anatômico que lhe seria "naturalmente" correspondente resultava em diferenças inatas e essenciais, para argumentar que diferenças e desigualdades entre mulheres e homens eram social e culturalmente construídas e não biologicamente determinadas. Como construção social do sexo, gênero foi (e continua sendo) usado, então, por algumas estudiosas, como um conceito que se opunha a – ou complementava a – noção de sexo e pretendia referir-se aos comportamentos, atitudes ou traços de personalidade que a cultura inscrevia sobre o corpo sexuado. Nestas perspectivas, a ênfase na construção social de gênero não foi, necessariamente, acompanhada de problematizações acerca de uma "natureza" biológica universalizável do corpo e do sexo. Ou seja, em algumas dessas vertentes continua(va)-se operando com o pressuposto de que o social e a cultura agem sobre uma base biológica universal que os antecede.

O conceito de gênero, no entanto, seria ressignificado e complexificado, em especial pelas feministas pós-estruturalistas (Scott, 1995; Louro, 1997; Weedon, 1999; Nicholson, 2000) e, desde essa perspectiva teórica (que eu assumo como pesquisadora), ao problematizar, de forma concomitante, as noções de corpo, de sexo e de sexualidade, introduziu importantes mudanças epistemológicas no campo dos estudos feministas.

O conceito de gênero e alguns de seus desdobramentos teóricos e políticos

O feminismo pós-estruturalista a que me refiro aqui se fundamenta, principalmente, em teorizações de Michel Foucault e Jaques Derrida, e privilegia a discussão de gênero a partir de – ou com base em – abordagens que enfocam a centralidade da linguagem (entendida aqui em sentido amplo) como *locus* de produção das relações que a cultura estabelece entre corpo, sujeito, conhecimento e poder. As abordagens feministas pós-estruturalistas se afastam daquelas vertentes que tratam o corpo como uma entidade biológica universal (apresentada como origem das diferenças entre homens e mulheres, ou como superfície sobre a qual a cultura opera para produzir desigualdades) para teorizá-lo como um construto sociocultural e lingüístico, produto e efeito de relações de poder. Nesse contexto, o conceito de gênero passa a englobar todas as formas de construção social, cultural e lingüística implicadas com os processos que diferenciam mulheres de homens, incluindo aqueles processos que produzem seus corpos, distinguindo-os e separando-os como corpos dotados de sexo, gênero e sexualidade. O conceito de gênero privilegia, exatamente, o exame dos processos de construção dessas distinções – biológicas, comportamentais ou psíquicas – percebidas entre homens e mulheres; por isso, ele nos afasta de abordagens que tendem a focalizar apenas papéis e funções de mulheres e homens para aproximar-nos de abordagens muito mais amplas, que nos levam a considerar que as próprias instituições, os símbolos, as normas, os conhecimentos, as leis e políticas de uma sociedade são constituídas e atravessadas por representações e pressupostos de feminino e de masculino e, ao mesmo tempo, produzem e/ou ressignificam essas representações (Scott, 1995; Louro, 1997; Meyer, 2000b). O detalhamento desse modo de teorizar o gênero aponta, pois, para importantes implicações de seu uso como ferramenta teórica e política, quais sejam:

1) Gênero aponta para a noção de que, ao longo da vida, através das mais diversas instituições e práticas sociais, nos constituímos como homens e mulheres, num processo que não é linear, progressivo ou harmônico e que também nunca está finalizado ou completo.

Inscreve-se, nesse pressuposto, uma articulação intrínseca entre gênero e educação uma vez que esta posição teórica amplia a noção de educativo para além dos processos familiares e/ou escolares, ao enfatizar que educar engloba um complexo de forças e de processos (que inclui, na contemporaneidade, instâncias como os meios de comunicação de massa, os brinquedos, a literatura, o cinema, a música) no interior dos quais indivíduos são transformados em – e aprendem a se reconhecer como – homens e mulheres, no âmbito das sociedades e grupos a que pertencem. Argumenta-se, ainda, que esses processos educativos envolvem estratégias sutis e refinadas de naturalização que precisam ser reconhecidas e problematizadas.

2) O conceito também acentua que, como nascemos e vivemos em tempos, lugares e circunstâncias específicos, existem muitas e conflitantes formas de definir e viver a feminilidade e a masculinidade.

Apoiando-se em perspectivas que concebem a cultura como sendo um campo de luta e contestação em que se produzem sentidos múltiplos e nem sempre convergentes de masculinidade e de feminilidade, noções essencialistas, universais e trans-históricas de homem e mulher – no singular – passam a ser consideradas demasiadamente simplistas e contestadas. Exatamente porque o conceito de gênero enfatiza essa pluralidade e conflitualidade dos processos pelos quais a cultura constrói e distingue corpos e sujeitos femininos e masculinos, torna-se necessário admitir que isso se expressa pela articulação de gênero com outras "marcas" sociais, tais como classe, raça/etnia, sexualidade, geração, religião, nacionalidade. É necessário admitir também que cada uma dessas articulações produz modificações importantes nas formas pelas quais as feminilidades ou as masculinidades são, ou podem ser, vividas e experienciadas por grupos diversos, dentro dos mesmos grupos ou, ainda, pelos mesmos indivíduos, em diferentes momentos de sua vida.

3) Gênero introduziu mais uma mudança que continua sendo, ainda hoje, alvo de polêmicas importantes no campo femi-

nista. Trata-se do fato de que o conceito sinaliza não apenas para as mulheres e nem mesmo toma exclusivamente suas condições de vida como objeto de análise. Em vez disso, ele traz implícita a idéia de que as análises e as intervenções empreendidas devem considerar, ou tomar como referência, as relações – de poder – entre mulheres e homens e as muitas formas sociais e culturais que os constituem como "sujeitos de gênero".

Se, como enfatizou Simone de Beauvoir (1980), nós não nascemos mulheres, nós nos tornamos mulheres, o mesmo se pode dizer dos homens. Isso implica, portanto, analisar os processos, as estratégias e as práticas sociais e culturais que produzem e/ou educam indivíduos como mulheres e homens de determinados tipos, sobretudo se quisermos investir em possibilidades de propor intervenções que permitam modificar, minimamente, as relações de poder de gênero vigentes na sociedade em que vivemos.

4) Por último, o conceito de gênero propõe, como já destaquei, um afastamento de análises que repousam sobre uma idéia reduzida de papéis/funções de mulher e de homem, para aproximar-nos de uma abordagem muito mais ampla que considera que as instituições sociais, os símbolos, as normas, os conhecimentos, as leis, as doutrinas e as políticas de uma sociedade são constituídas e atravessadas por representações e pressupostos de feminino e de masculino ao mesmo tempo em que estão centralmente implicadas com sua produção, manutenção ou ressignificação.

Dessa forma, deixa-se de enfocar, de forma isolada, aquilo que mulheres ou homens fazem ou podem fazer ou os processos educativos pelos quais seres humanos se constituem ou são transformados em mulheres ou homens, mas considera-se a necessidade de examinar os diferentes modos pelos quais o gênero opera estruturando o próprio social que torna estes papéis, funções e processos possíveis e necessários.

Ao lado de tudo isso, é importante registrar que enfatizar o caráter fundamentalmente histórico, social, cultural e lingüístico do gênero não significa negar que ele se constrói com – e através de – corpos que passam a ser reconhecidos e nomeados como corpos sexuados. Não se está, portanto, negando a materialidade do corpo ou dizendo que ela não importa, mas mudando o foco dessas análises: do "corpo em si" para os processos e relações que possibilitam que sua biologia passe a funcionar como causa e explicação de diferenciações e posicionamentos sociais. Pode-se citar, como exemplos simples dessa operação, a idéia, ainda acionada em determinadas políticas de capacitação profissional direcionadas para populações de baixa renda, de que ser mulher é o requisito mais importante para ser uma competente cuidadora de crianças pequenas ou, ainda, o pressuposto de que ser portadora de um útero implica necessariamente a existência de um algo mais, chamado de instinto materno.

Desse modo, quando nos dispomos a discutir a produção de diferenças e de desigualdades de gênero, considerando-se todos estes desdobramentos do conceito, também estamos, ou deveríamos estar, de algum modo, fazendo uma análise de processos sociais mais amplos que marcam e discriminam sujeitos como diferentes, em função tanto de seu gênero quanto em função de articulações de gênero com raça, sexualidade, classe social, religião, aparência física, nacionalidade, etc. E isso demanda uma ampliação e complexificação não só das análises que precisamos desenvolver, mas, ainda, uma re-avaliação profunda das intervenções sociais e políticas que devemos, ou podemos, fazer.

Deslocar o foco das respostas e da prescrição...

Considerando-se, então, tais desdobramentos do conceito de gênero, desenvolverei, de forma breve, dois exercícios de problematização para indicar algumas das potencialidades de se operar no campo da educação com essa perspectiva de reflexão e análise. O primeiro deles está diretamente relacionado com a educação escolar e envolve uma problemática que, no Brasil, ainda tem sido pouco explorada do ponto de vista dos estudos de gênero, qual seja, a avaliação do rendimento ou da aprendizagem escolar.

Em nível internacional, vários estudos têm discutido as diferenças que se instauram entre meninos e meninas, no que se refere ao rendimento escolar, considerando-se a articulação entre gênero, raça e condição socioeconômica (Epstein, 1999). No Brasil, com exceção feita à pesquisa de Marília de Carvalho (2000; 2001), estudos qualitativos que discutam essas articulações ainda não são numerosos. Dados estatísticos atuais, no entanto, apontam que as mulheres brasileiras apresentam níveis de escolaridade média mais elevados que os dos homens e que as meninas vêm-se saindo melhor que os meninos em todos os níveis de ensino. Apontam, também, que elas iniciam os estudos mais cedo, sofrem menor número de reprovações e abandonam menos a escola. Um estudo realizado em Pelotas/RS (Silva, 1999) indica que, dentre a população pesquisada, os meninos apresentaram taxa de reprovação de 57% enquanto a das meninas era de 42%. Quando este dado foi desagregado considerando-se raça/cor, o índice de meninos negros reprovados subiu para 77%. O estudo conclui que o risco de reprovação de meninos negros é três vezes maior que o de meninos brancos, enquanto meninas negras correm um risco duas vezes maior de repetir o ano do que as meninas brancas.

Mesmo não tendo esse foco como problema de sua investigação, a tese de doutorado recentemente defendida por Maria Luiza Xavier (2003), na Faculdade de Educação da UFRGS, onde ela investigou o que se configura como sendo "problemas disciplinares" em escolas públicas da rede municipal de Porto Alegre, também comenta a predominância de meninos não brancos nas chamadas classes de progressão. Quando a autora examina os instrumentos em que se registram os critérios que, em seu conjunto, são levados em conta para mensurar o rendimento escolar, chama atenção que grande parte deles está muito mais relacionada com comportamentos, atitudes e habilidades consideradas adequadas ou inadequadas no espaço escolar, do que com facilidades ou dificuldades cognitivas estrito senso.

Tomando-se como referência apenas estes dados, já poderíamos, enquanto educadores e educadoras, fazer-nos algumas perguntas: alguma vez chegamos a considerar a possibilidade de que pressupostos de gênero e de raça poderiam estar atravessando e constituindo, de um determinado modo, as políticas de inclusão escolar contemporâneas? Em caso positivo, que pressupostos poderíamos mapear, por exemplo, em programas como o Bolsa-escola? Será que meninos de determinados segmentos da população abandonam a escola em maior número ou vão sendo, no cotidiano pedagógico, progressivamente "abandonados" por ela? Que mecanismos e estratégias - provavelmente não intencionais e naturalizados - são acionados nesses processos que acabam por se configurar como dificuldades de aprendizagem e abandono escolar? Quais são e como se legitimam, do ponto de vista pedagógico, os elementos que, conjugados, compõem o conteúdo de conceitos supostamente neutros - como "bom aluno" - que norteiam os processos de avaliação escolar? Entende-se a mesma coisa por "bom aluno" e "boa aluna". Valérie Walkerdine (1995) sugere que não e, se concordarmos com ela, onde e como estas noções convergem e/ou conflituam? Como se poderia explorar, de forma produtiva, a noção de gênero em sua articulação com raça para pensar a avaliação escolar? Assumindo-se a produtividade dessa articulação, quais pressupostos de masculino e feminino estariam atravessando os sistemas de avaliação escolar? Poder-se-ia pensar em maiores convergências entre representações hegemônicas de feminino e representações de "boa aluna" como sugerem, por exemplo, Alicia Fernández (1994) e Marília Carvalho? (2000). Quais são as convergências e os conflitos que se estabelecem entre as representações de masculinidade que orientam o currículo, as práticas pedagógicas, as formas de organização do espaço escolar e as representações que organizam formas de viver a masculinidade nos diferentes grupos de usuários do sistema público de ensino? (Fonseca, 2000).

Evidentemente que questões como estas não esgotam a problemática da evasão e da repetência, não dizem respeito apenas a educadores e educadoras e nem podem ser compreendidas considerando-se a escola e a educação escolar de forma desvinculada do contexto social mais amplo onde estas estão inseridas. Mas elas poderiam se constituir como um bom - e complicado - início de conversa para educadores/as e planejadores/as de políticas públicas quando se trata de problematizar o cotidiano escolar e uma de suas práticas mais características - a avaliação - com "olhos de gênero".

Mas, como já enfatizei, os indivíduos aprendem desde muito cedo – eu diria que hoje desde o útero – a ocupar e/ou a reconhecer seus lugares sociais e aprendem isso em diferentes instâncias do social, através de estratégias sutis, refinadas e naturalizadas que são, por vezes, muito difíceis de reconhecer. Nesse sentido, se tem trabalhado com o conceito de pedagogias culturais, que decorre, exatamente, da ampliação das noções de educação e de educativo, e com ele se pretende englobar forças e processos que incluem a família e a escolarização, mas que estão muito longe de se limitar a elas ou, ainda, de se harmonizar com elas. Entre essas forças estão, como referi, os meios de comunicação de massa, os brinquedos e jogos eletrônicos, o cinema, a música, a literatura, os chamados grupos de iguais, os quais produzem, por exemplo, diferentes e conflitantes formas de conceber e de viver o gênero e a sexualidade, de conceber e de se relacionar com autoridades instituídas, de conhecer o eu e o outro, e que redefinem mesmo os modos com que temos teorizado o currículo, o ser professor, o ser aluno e os processos de ensino e aprendizagem. Dentro desta perspectiva, passo, então, ao segundo exercício de análise, retomando o artigo de jornal com que introduzi este texto para pensá-lo, brevemente, como integrante de uma pedagogia cultural - a mídia impressa - a qual, ao veicular e produzir formas de pensar, dizer e viver masculinidades e feminilidades também nos educa como sujeitos de gênero.

Vamos então ao artigo (*Zero Hora*, 10/03/2003: 21). Os autores do estudo, intitulado "Uma análise econômica da obesidade", fazem uma relação entre a duplicação do número de restaurantes de *fast food*, no período de 1972 a 1997, e o aumento de 68% nos índices de obesidade nos EUA e buscam, então, responder a pergunta: por que todo este *fast food?* A esta pergunta, segue a primeira explicação: "Com as mulheres dedicando mais tempo ao trabalho pago, segundo a teoria, elas *têm menos tempo* para cozinhar, um *fardo* que os homens (que *tipicamente* passam mais tempo em seus trabalhos) presumivelmente têm pouco tempo ou *interesse* em desenvolver" (destaques meus).

Considerando-se os desdobramentos do conceito de gênero, tal como o trabalhamos aqui, o que se poderia extrair de um excerto com esse teor? Em primeiro lugar, que o estudo, na perspectiva do autor da matéria, reforça o pressuposto de que cozinhar - em casa! - é um trabalho de mulher. Mas o estudo também agrega valor social a esse trabalho, quando o qualifica como um "fardo"; isso supõe a existência de escalas que permitem classificar e hierarquizar trabalhos como masculinos e como femininos, como mais ou menos valorizados, como mais prazerosos ou pesados e classificar e hierarquizar implica, sempre, exercício de poder. Mas esse fardo é apresentado, no artigo, como uma opção que os homens - como o adendo do termo *interesse* sugere - podem não querer assumir. Ao mesmo tempo, essa opção parece não se colocar da mesma forma para as mulheres porque o que se enfatiza é que elas "têm menos tempo" - e não menos interesse - para isso e é exatamente essa mudança nas relações de gênero vigentes no lar que é apresentada como uma - e a primeira - das causas da obesidade (a introdução massiva de novas tecnologias no processo de trabalho e a oferta de comida barata são as outras causas citadas). Além disso, poderíamos, ainda, dizer que a palavra "tipicamente" naturaliza, como característica masculina, uma maior dedicação e interesse ao trabalho assalariado ou à profissão.

Mas eu penso que a questão mais importante a ser colocada aqui diz respeito aos modos pelos quais representações de gênero, ativas em um determinado contexto cultural, atravessam e constituem formas científicas (e outras formas) de conhecer e, mais do que isso, tornam esses conhecimentos possíveis. Ou seja, uma cultura onde não estivesse pré-suposto que cozinhar em casa é atribuição de mulher, excluiria, de antemão, a possibilidade de "descobertas" com esse teor. Ao mesmo tempo, esses conhecimentos funcionam também para legitimar e sancionar essas "descobertas científicas" que devem, então, orientar um sem-número de prescrições/ações com as quais se poderia corrigir o problema estudado. Por exemplo: se a obesidade, dentre outras coisas, decorre da falta de tempo da mulher para cozinhar em casa, o que se poderia fazer para corrigir isso? De que modo se poderia conciliar, de forma mais efetiva, trabalho doméstico com trabalho profissional – da mulher? Que tecnologias poderiam ser introduzidas no lar para que o trabalho doméstico seja um fardo menos pesado, que a mulher possa continuar assumindo, sem abrir mão do trabalho assalariado? Como o parceiro e os filhos – homens – podem ser engajados para "ajudá-la" nesse – e não necessariamente para dividir esse – trabalho? Questões como estas, que estudos com este teor geralmente suscitam, deixam intocadas dimensões centrais dos processos de produção de gênero que, neste caso, deveriam remeter, também, para a discussão de como, e em que circunstâncias e condições o trabalho doméstico passou a ser definido e vivido, em nossa cultura, como trabalho de mulher. E, ainda, em que medida estudos como esse referido pelo jornal, com os seus desdobramentos, reproduzem, modificam e/ou atualizam essas representações.

...ainda algumas considerações

De variados modos, os estudos contemporâneos sobre o espaço escolar, as práticas pedagógicas que nele se desenvolvem, bem como os estudos que se têm envolvido com as pedagogias culturais têm mostrado como estamos, em nossa sociedade, sempre operando a partir de uma identidade que é a norma, que é aceita e legitimada e que se torna, por isso mesmo, quase invisível – a masculinidade branca, heterossexual, de classe média e judaico-cristã. O que esses estudos buscam discutir e problematizar é, exatamente, como a norma e a diferença são produzidas, que instâncias sociais estão aí envolvidas e quais são os efeitos de poder dessa produção. É a diferença que marca e reduz o indivíduo ou grupos de indivíduos a ela. Assim, por exemplo, quando falamos em pessoas de cor para nos referirmos aos não brancos, além de estarmos presumindo que o branco é tão invisível que deixa mesmo de ser cor, estamos reduzindo um indivíduo que é, ao mesmo tempo, muitas outras coisas (talvez muito mais significativas para aquele contexto) à sua cor. O próprio fato de existirem dias especiais – que as escolas se empenham em comemorar – como o dia internacional da mulher, ou do índio, ou do orgulho *gay* ou da Aids indica o caráter da diferença. Os "normais" não precisam de dias especiais para serem lembrados...

O que uma perspectiva como esta possibilita, ao colocar coisas aparentemente banais e naturais em questão, é compreender que tanto a normalidade quanto a diferença são social e culturalmente produzidas como tais. E que isso muitas vezes nos escapa! Todos e todas nós participamos desses processos de produção, de forma mais ativa ou mais passiva, sofrendo-os ou impondo-os, a nós mesmos e aos outros com quem convivemos profissional e afetivamente. E refletir sobre esses processos e nossa participação neles, no âmbito da escola ou em qualquer outro espaço, é fazer uma discussão política.

Ter trazido discussões como esta para a arena política é, em grande parte, um mérito do movimento e do campo dos estudos feministas, que há quase cinco décadas declarou que o pessoal era, sobretudo, político. O feminismo e os movimentos sociais de grupos minoritários, que vieram junto com ele ou depois dele, e os que se agregaram a eles, ajudaram então a redefinir e a ampliar não só os sentidos de educativo, mas também os de político, de um modo tal que temas como corpo, sexualidade, maternidade, relações afetivas e muitos outros mais pudessem ser problematizados a partir deles. Também por isso, sigo apostando que promover pesquisa na perspectiva de gênero possibilita não só discutir e repensar nossa inserção social como mulheres e homens e como profissionais da educação, mas pode contribuir, efetivamente, para a construção de uma sociedade mais justa e mais igualitária, não só no que se refere ao gênero, mas em todos os seus níveis e relações.

Referências

BEAUVOIR, S. (1980). *O segundo sexo.* Vol. 1 e 2. Rio de Janeiro: Nova Fronteira.

CARVALHO, Marília (2000). Gênero e política educacional em tempos de incerteza. *In*: HIPÓLITO, A. & GANDIN, L.A. *Educação em tempos de incerteza.* Belo Horizonte: Autêntica.

— (2001). Mau aluno, boa aluna? – Como as professoras avaliam meninos e meninas. *Estudos Feministas*, vol. 9, n. 2, p. 554-574 [s.n.t.].

EPSTEIN. Debbie *et al.* (eds.) (1999). *Failing boys? – Issues in gender and achievement.* Buckingham: Open University Press.

FERNÁNDEZ, Alícia (1994). *A mulher escondida na professora.* Porto Alegre: Artes Médicas.

FONSECA, Cláudia (2000). *Família, fofoca e honra – Etnografia de relações de gênero e violência nos grupos populares.* Porto Alegre: UFRGS.

GONÇALVES, Eliana (1998). Pensando o gênero como categoria de análise. *Cadernos de Área*, 7. Goiânia: UCG, p. 41-60 [Estudos de gênero].

LOURO, Guacira (1997). *Gênero, sexualidade e educação – Uma abordagem pós-estruturalista.* Petrópolis: Vozes.

MEYER, Dagmar (2000a). As mamas como instituintes da maternidade – Uma história do passado? *Revista Educação e Realidade*, vol. 25, n. 2, jul.-dez., p. 117-134 [s.n.t.].

— (2000b). Cultura teuto-brasileiro-evangélica no Rio Grande do Sul: articulando gênero com raça, classe, nação e religião. *Revista Educação e Realidade*, vol. 25, n. 1, jan.-jul., p. 135-162 [s.n.t.].

NICHOLSON, Linda (2000). Interpretando o gênero. *Estudos Feministas*, vol. 8, n. 2, p. 9-42 [s.n.t.].

SCOTT, Joan (1995). Gênero: uma categoria útil de análise histórica. *Educação & Realidade*, vol. 20, n. 2, jul.-dez. Porto Alegre [s.e.].

SILVA, Carmem Duarte *et al.* (1999). Meninas bem comportadas, boas alunas; meninos inteligentes, indisciplinados. *Cadernos de Pesquisa*, n. 107, jul., p. 207-225 [s.n.t.].

WALKERDINE, Valérie (1995). O raciocínio em tempos pós-modernos. *Educação & Realidade*, vol. 20, n. 2, jul.-dez., p. 207-226. Porto Alegre [s.e.].

WEEDON, Chris (1999). *Feminism, theory and the politics of difference.* Oxford: Blackwell.

XAVIER, Maria Luisa Merino (2003). *Os incluídos na escola – O disciplinamento nos processos emancipatórios.* Porto Alegre: UFRGS/ Faculdade de Educação [Tese de doutorado em Educação].

Zero Hora (2003). Mudanças sociais alimentam a obesidade, 10/03, p. 21 [Seção de Economia].

2

A produção cultural do corpo

Pensar o corpo como algo produzido na e pela cultura é, simultaneamente, um desafio e uma necessidade. Um desafio porque rompe, de certa forma, com o olhar naturalista sobre o qual muitas vezes o corpo é observado, explicado, classificado e tratado. Uma necessidade porque ao desnaturalizá-lo revela, sobretudo, que o corpo é histórico. Isto é, mais do que um dado natural cuja materialidade nos presentifica no mundo, o corpo é uma construção sobre a qual são conferidas diferentes marcas em diferentes tempos, espaços, conjunturas econômicas, grupos sociais, étnicos, etc. Não é portanto algo dado *a priori* nem mesmo é universal: o corpo é provisório, mutável e mutante, suscetível a inúmeras intervenções consoante o desenvolvimento científico e tecnológico de cada cultura bem como suas leis, seus códigos morais, as representações[1] que cria sobre os corpos, os discursos[2] que sobre ele produz e reproduz.

1. O termo representação é aqui entendido como um modo de produção de significados na cultura. Processo este que se dá pela linguagem e implica, necessariamente, relações de poder. "Representação, nessa perspectiva, envolve as práticas de significação e os sistemas simbólicos através dos quais estes significados – que nos permitem entender nossas experiências e aquilo que nós somos – são construídos" (Meyer, 1998: 20).

2. Discurso é aqui entendido a partir do sentido que Michel Foucault atribuiu a este termo quando afirma referir-se a um conjunto de enunciados de um determinado saber articulados entre si. Saberes estes que são historicamente construídos em meio a disputas de poder (Foucault, 1995).

Um corpo não é apenas um corpo. É também o seu entorno. Mais do que um conjunto de músculos, ossos, vísceras, reflexos e sensações, o corpo é também a roupa e os acessórios que o adornam, as intervenções que nele se operam, a imagem que dele se produz, as máquinas que nele se acoplam, os sentidos que nele se incorporam, os silêncios que por ele falam, os vestígios que nele se exibem, a educação de seus gestos... enfim, é um sem limite de possibilidades sempre reinventadas e a serem descobertas. Não são, portanto, as semelhanças biológicas que o definem mas, fundamentalmente, os significados culturais e sociais que a ele se atribuem.

O corpo é também o que dele se diz e aqui estou a afirmar que o corpo é construído, também, pela linguagem. Ou seja, a linguagem não apenas reflete o que existe. Ela própria cria o existente e, com relação ao corpo, a linguagem tem o poder de nomeá-lo, classificá-lo, definir-lhe normalidades e anormalidades, instituir, por exemplo, o que é considerado um corpo belo, jovem e saudável. Representações estas que não são universais nem mesmo fixas. São sempre temporárias, efêmeras, inconstantes e variam conforme o lugar/tempo onde este corpo circula, vive, se expressa, se produz e é produzido. E também onde se educa porque diferentes marcas se incorporam ao corpo a partir de distintos processos educativos presentes na escola, mas não apenas nela, visto que há sempre várias pedagogias em circulação. Filmes, músicas, revistas e livros, imagens, propagandas são também locais pedagógicos que estão, o tempo todo, a dizer de nós, seja pelo que exibem ou pelo que ocultam. Dizem também de nossos corpos e, por vezes, de forma tão sutil que nem mesmo percebemos o quanto somos capturadas/os e produzidas/os pelo que lá se diz.

Falar do corpo é falar, também, de nossa identidade dada a centralidade que este adquiriu na cultura contemporânea cujos desdobramentos podem ser observados, por exemplo, no crescente mercado de produtos e serviços relacionados ao corpo, a sua construção, aos seus cuidados, a sua libertação e, também, ao seu controle. Pensemos nos investimentos da denominada indústria da beleza e da saúde, cuja ampliação não cessa de acontecer. Adornos, cosméticos, roupas inteligentes, tatuagens, próteses, dietas, suplementos alimentares, academias, cirurgias estéticas, medicamentos e drogas químicas fazem parte de um sem-número de saberes, produtos e práticas a investir no corpo produzindo-o diariamente.

Pensar o corpo da maneira como estou pensando, falando, escrevendo e sentindo pressupõe saberes ancorados em determinados referenciais teóricos e políticos. Saberes que possibilitam, permitem e criam esse olhar sobre o corpo, afirmando-o como um constructo histórico e cultural que, longe de ser inquestionável, é um território de onde e para onde emergem sempre outras e novas dúvidas, questionamentos, incertezas, inquietações.

Dois campos teóricos estão a subsidiar este texto. Os Estudos Culturais[3] e a História do Corpo[4]. Mesmo que estes sejam campos difíceis de serem sumariamente explicitados, inclusive pela abrangência que cada um possui, é pertinente destacar que ambos possibilitam olhar o corpo de forma a desnaturalizá-lo, ou seja, de forma a questionar saberes considerados pela teorização tradicional como verdadeiros ou, por vezes, únicos.

Vale ressaltar que estes campos teóricos ao enfatizarem a dimensão cultural do corpo não negam sua materialidade biológica. No entanto, não conferem a esta materialidade a centralida-

---

3. Os Estudos Culturais têm sua origem a partir da fundação do Centro de Estudos Culturais Contemporâneos, na Universidade de Birmingham, Inglaterra, na década de 60. Este texto está fundamentado na vertente dos Estudos Culturais que contempla a perspectiva pós-estruturalista ancorada na produção de autores como Michel Foucault e Jacques Derrida. Sobre este tema ler: Silva, 1995; 1999; Costa, 2000.

4. Considerado como uma abordagem da historiografia contemporânea, historicizar o corpo se tornou possível a partir da corrente historiográfica denominada Nova História cuja origem se dá na França no início do século XX em especial através dos trabalhos de Marc Bloch e Lucien Febvre. Essa corrente possibilitou a emergência de novos temas, problemas e abordagens à pesquisa historiográfica, dentre eles as pesquisas sobre a historicidade do corpo.

de na definição do que seja um corpo nem mesmo tomam a biologia como definidora dos lugares atribuídos aos diferentes corpos em diferentes espaços sociais. Ou seja, não é pela biologia que se justificam determinadas atribuições culturais como outrora foi comum no pensamento ocidental moderno e, diga-se de passagem, ainda é em algumas perspectivas contemporâneas de análise do corpo.

Vejamos: por muito tempo as atividades corporais e esportivas (a ginástica, os esportes e as lutas) não eram recomendadas às mulheres porque poderiam ser prejudiciais à natureza de seu sexo considerado como mais frágil em relação ao masculino. Centradas em explicações biológicas, mais especificamente, na fragilidade dos órgãos reprodutivos e na necessidade de sua preservação para uma maternidade sadia, tais proibições conferiam diferentes lugares sociais para mulheres e para homens onde o espaço do privado – o lar – passou a ser reconhecido como de domínio da mulher, que nele poderia exercer, na sua plenitude, as virtudes consideradas como próprias de seu sexo tais como a paciência, a intuição, a benevolência, entre outras. As explicações para tal localização advinha da biologia do corpo, representado como frágil, não pela tenacidade de seus músculos, pela sua maior ou menor capacidade respiratória ou, ainda, pela envergadura de seus ossos, mas pelo discurso e pelas representações de corpo feminino que nesse momento se operam.

Ainda que essa fosse uma visão com muita circulação, por exemplo, na sociedade brasileira do século XIX, é necessário dizer que a vida escapa e que as fronteiras da interdição foram e são freqüentemente rompidas. Naquele tempo, diferentes mulheres do campo e da cidade inseriram-se em diferentes práticas corporais, esportivas ou não, cuja demanda de esforço físico era intensa, não só nas atividades de trabalho como nas de lazer. Carregar peso, limpar, fazer longos percursos a pé, atuar nas colheitas, manejar maquinário pesado, jogar futebol, lutar, fazer piruetas e lançar-se ao vazio num vôo de trapézio eram atividades rotineiras de um grande número de mulheres que nem por isso deixaram de ser mulheres ou sucumbiram frente às exigências de força física.

Seus corpos colocaram em tensão diferentes possibilidades de viver o ser mulher, portanto, podemos ler neles formas de romper com determinados essencialismos[5] atribuídos, por cada cultura e por cada contexto histórico, para o que seja, por exemplo, masculinidade e feminilidade.

Desestabilizar verdades preconcebidas e romper com os essencialismos são algumas das contribuições do campo teórico dos Estudos Culturais. E também das abordagens historiográficas críticas que têm tomado o corpo como o *locus* de investigação, seja pela ótica da medicina, da estética, da arte, da nutrição, da mídia, da psicologia, do lazer, da moda, etc.

Michel Foucault é, sem dúvida, um autor cuja contribuição é inegável em ambos campos teóricos. Em especial quando tematiza o corpo afirmando, sobretudo, serem os nossos gestos construções culturais historicamente datadas. Ao analisar determinadas instituições como escolas, fábricas, hospitais, prisões ele fala não apenas do corpo, mas ainda do poder que investe no corpo diferentes disciplinas de forma a docilizá-lo, a conhecê-lo e controlá-lo no detalhe. Seu objeto de investigação não está centrado no corpo, mas nas práticas sociais, nas experiências e nas relações que o produzem, num determinado tempo/local, de uma forma específica e não de outra qualquer. Para Foucault, o controle da sociedade sobre os indivíduos não se opera apenas pela ideologia ou pela consciência, mas tem seu começo no corpo, com o corpo. "Foi no biológico, no somático, no corporal que antes de tudo investiu a sociedade capitalista. O corpo é uma realidade biopolítica" (Foucault, 1992: 77).

As análises de Foucault revelam, por fim, ser possível e necessário problematizar o corpo, ou seja, estranhá-lo, colocá-lo em

---

5. "Tendência a caracterizar certos aspectos da vida social como tendo uma essência ou um núcleo – natural ou cultural – fixo, imutável (Silva, 2000: 53).

questão. Problematizar, por exemplo, os significados e a valorização que determinadas culturas atribuem a alguns corpos, as práticas narrativas a eles associados, as hierarquias que a partir da sua anatomia se estabelecem. Enfim, suas análises anunciam serem infinitas as histórias sobre os corpos ainda que seja absoluta uma certeza: o corpo é ele mesmo uma construção social, cultural e histórica.

Percorrer histórias, procurar mediações entre passado e presente, identificar vestígios e rupturas, alargar olhares, desconstruir representações, desnaturalizar o corpo de forma a evidenciar os diferentes discursos que foram e são cultivados, em diferentes espaços e tempos, é imperativo para que compreendamos o que hoje é designado como sendo um corpo desejável e aceitável. Lembrando sempre que essas são referências transitórias, mas que mesmo por assim serem não perdem seu poder de excluir, inferiorizar e ocultar determinados corpos em detrimento de outros. Não é sem razão que o corpo jovem, produtivo, saudável e belo é um ideal perseguido por um número infinito de mulheres e homens do nosso tempo cujos investimentos individuais demandam energia, dinheiro e responsabilidade.

Este olhar sobre o corpo, pautado na sua aparência e rendimento, não é recente mesmo que recentes sejam algumas das várias intervenções que nele se operam. O culto ao corpo como hoje vivenciamos, em que pesem as especificidades de cada momento histórico e cada cultura, tem seu início no final do século XVIII e se intensifica no século XIX porque, nesse tempo, o corpo adquire relevância nas relações que se estabelecem entre os indivíduos. Gesta-se uma moral das aparências que faz convergir o que se aparenta ser com o que, efetivamente, se é.

Esse período é particularmente importante para entendermos o corpo contemporâneo porque é aqui que se criaram e consolidaram algumas representações que ainda hoje marcam nossos corpos, com maior ou menor intensidade. Essa importância se dá, fundamentalmente, pela ação da ciência deste tempo que, ao debruçar-se sobre o corpo humano, buscou entendê-lo no detalhe. Neste momento, despontaram algumas teorias que, utilizando-se do discurso científico, analisaram os indivíduos a partir de suas características biológicas, ou seja, da forma e da aparência do seu corpo. Não apenas os analisaram, mas lhes conferiram diferentes lugares sociais. O tamanho do cérebro, por exemplo, poderia justificar o nível de inteligência dos sujeitos; a aparência do rosto (cor da pele e dos cabelos) passou a ser um dos elementos a identificar a aptidão de alguns para o trabalho manual; as feições (traços do rosto), o tamanho das mãos ou do crânio poderia classificar os comportamentos e identificar os loucos, criminosos, tarados e agitadores políticos. Essas classificações colaboraram para que diferentes hierarquizações se estruturassem entre os humanos. Por vezes, os negros e/ou as mulheres foram considerados inferiores exclusivamente porque seus corpos apresentavam algumas características biológicas nomeadas por essa mesma ciência como inferiores, incompletas ou díspares.

A ciência do século XIX que classifica e analisa o corpo no seu detalhe é aquela que vai legitimar uma educação do corpo visando torná-lo útil e produtivo. Como base deste pensamento está a crença de que o corpo é uma máquina produtora de energia, sendo as leis da termodinâmica aquelas que estão a subsidiar a criação da representação do corpo energético: o corpo que não pode nem desperdiçar forças, nem exercitar-se além do desejado – o corpo produtivo.

Lembremos que foi no século XVIII que surgiram as primeiras máquinas a vapor e que, no início do século XIX, estas máquinas, por exemplo, aumentavam a velocidade dos navios e das locomotivas. A combustão do carvão em brasa aquecia a água que se transformava em vapor que impulsionava as máquinas. Em outras palavras: a combustão produzia energia. Esse era o modo como se compreendia o funcionamento das máquinas e por isso não podemos estranhar que o corpo humano fosse observado da mesma forma: um motor de combustão que conseguia digerir alimentos e transformá-lo em energia produtiva. Energia essa canalizada tanto para o trabalho produtivo nas indústrias em expansão como também para o fortalecimento dos indivíduos e a conseqüente melhoria de sua saúde e seu bem-estar.

Estes foram alguns dos motivos pelos quais a educação do gesto e, portanto, do corpo foi incentivada e incorporada em muitos programas oficiais de ensino de diferentes países. Em nome da saúde e do bem-estar do indivíduo, o corpo passou a ser alvo de diferentes métodos disciplinares, entendidos como um conjunto de saberes e poderes que investiram no corpo e nele se instauraram: as aparelhagens para corrigir as anatomias defeituosas, os banhos de mar, as medições e classificações dos segmentos corporais, a modelagem do corpo pela atividade física, a classificação das paixões, a definição do que seriam desvios sexuais, por exemplo, compunham um conjunto de saberes e práticas voltadas para a educação da gestualidade, a correção do corpo, sua limpeza e higienização.

A própria palavra "higiene", neste contexto, adquire outro significado. Deixa de designar "o que é são" e, portanto, de qualificar a saúde e passa a constituir um conjunto de dispositivos e de saberes que atuam no corpo. Torna-se um campo específico da medicina que objetiva qualificar não apenas a higiene do corpo, mas a higiene da cidade conferindo, a ambos, mais energia e vigor (Vigarello, 1996). O corpo a ser produzido a partir destas concepções exigia alteração imediata nos hábitos cotidianos dos indivíduos no que se relacionava aos cuidados de si. Exigia também uma educação específica, capaz de potencializá-lo.

Duas grandes transformações se põem em curso, neste período, no que se relaciona à produção de um corpo educado para suportar as demandas destes tempos onde a dinamicidade se fazia necessária, bem como a força física, o vigor, a retidão dos corpos e a extração máxima de suas energias: o banho e a prática de atividades físicas. Recorro a estes exemplos não no sentido de historicizá-los mas, sobretudo, para evidenciar o caráter transitório, mutável e histórico de tudo o que vivenciamos, sentimos, acreditamos e somos. Afinal, se o corpo é um constructo cultural também o são todas as práticas que o produzem.

O banho, por exemplo, nem sempre esteve ligado à idéia da limpeza e da higienização do corpo, representação já naturalizada nos nossos dias. Na Idade Média, estava ligado às atividades festivas, aos prazeres corporais, à excitação sexual, ao erotismo; a lavagem do corpo e sua conseqüente limpeza dirigia-se apenas às suas partes visíveis como o rosto e as mãos. Já nos séculos XVI e XVII, a idéia da limpeza relacionava-se muito mais ao uso de roupas brancas do que à lavagem porque acreditava-se que a água poderia ser uma ameaça ao corpo, pois, sendo a pele uma superfície porosa, o banho poderia torná-la mais frágil, deixando-a aberta para a penetração de vírus e agentes malignos ao organismo.

A partir do século XVIII, algo começa a se modificar: a lavagem do corpo passa a ser associada à sua proteção e revigoramento. Acredita-se, agora, que o asseio assegura e sustenta o bom funcionamento das funções e, por esta razão, o banho é observado como algo que pode proporcionar energia à pele livrando-a do incômodo da sujeira. É preciso lavar para melhor defender, dizem os médicos e os higienistas. Nesse sentido, a limpeza não vincula-se apenas à aparência, mas, fundamentalmente, ao vigor: é necessário desobstruir os poros para melhor dinamizar o corpo, enrijecer as carnes, aumentar a força, repor as energias. Os banhos de mar, até então vistos como perigosos, passam a ser plenamente recomendados e incentivados, pois são observados como eficientes para potencialização do corpo, para a melhor circulação de seus fluxos, para seu revigoramento e fortalecimento (Corbin, 1989).

Neste período, os médicos se tornam figuras centrais cuidando não apenas do corpo individual, mas, ainda, do corpo social. Razão pela qual propuseram inúmeras intervenções privadas e públicas direcionadas para o trato com o corpo, dentre elas a preocupação para com a educação dos indivíduos. Ou, ainda, uma educação higiênica, portanto, corporal.

Considerando este contexto não é difícil entender as razões pelas quais as atividades físicas, em especial a ginástica, são tomadas como necessárias para a consolidação deste projeto. A educação do gesto, concretizada através da exercitação corporal, foi, gradativamente, se incorporando ao cotidiano de homens e mulheres colocando em ação um minucioso controle sobre o corpo, seus movimentos, atitudes, sentimentos e comportamentos.

A industrialização crescente conferiu novos ritmos às cidades e aos indivíduos que nelas habitavam e a ciência, através de seus conhecimentos, técnicas e métodos, potencializou duas energias: a do corpo individual e a do corpo social. A crença desmedida no progresso, no desenvolvimento e nos avanços da ciência redefiniram algumas condutas em relação à educação do corpo visando a economia do gesto e o uso adequado do tempo evitando o seu desperdício. Dentro deste contexto, a escola passa a ser observada como um espaço privilegiado para atuar tanto na instrução de crianças e jovens como ainda na interiorização de hábitos e valores que pudessem dar suporte à sociedade em construção: uma escola capaz de preparar os indivíduos moral e fisicamente tendo por base educação do corpo, isto é, uma educação suficientemente eficiente na produção de corpos capazes de expressar e exibir os signos, as normas e as marcas corporais da sociedade industrial evidenciando, inclusive, as distinções de classe. O corpo retilíneo, vigoroso, elegante, delicado e comedido nos gestos traduzia o pertencimento à burguesia da época, enquanto o corpo volumoso, indócil, desmedido, fanfarrão e excessivo era representado como inferior e abjeto ao que se desejava produzir. Lembremos: um corpo não é só um corpo. É, ainda, o conjunto de signos que compõe sua produção.

Ainda sobre as atividades físicas, é pertinente ressaltar que a ginástica, nesse período, não restringe-se ao que hoje observamos desta prática. A "ginástica"[6] compreendia diferentes práticas corporais, como por exemplo exercícios militares de prepa-

---

6. O termo ginástica origina-se do adjetivo grego "gymnikos", que é relativo aos exercícios do corpo e de "gimn(o)", que se refere à idéia de nu, do grego "gymnós": nu, despido. A palavra ginásio vem de "gumnoi", que significa totalmente despido.

ração para a guerra, acrobacias, danças, cantos, corridas, jogos, esgrima, natação, marchas, lutas, entre outras. Estava voltada para a formação do caráter, para a potencialização da energia individual, para a aquisição da força, resistência, agilidade, enfim, para a formação de um sujeito moderno, constituidor de novos tempos cujo corpo a ser produzido e valorizado estava pautado pela lógica do rendimento, da produtividade e da individualização das aparências.

O corpo que hoje temos, vivemos e sentimos incorporou muito dos valores em voga naquele tempo. Alguns destes valores guardam em nós suas reminiscências, outros perderam importância ou deles não sobraram vestígios. Representações de beleza, saúde, doença, vida, juventude, virilidade, entre outras, não deixaram de existir, apenas transmudaram-se, incorporaram outros contornos, produziram outros corpos. Corpos que, simultaneamente, mantêm vínculos com o passado e carregam em si potencialidades do futuro visto que a ciência, ao ampliar seus recursos técnicos, permite ações antes impensadas, como por exemplo, a mudança de sexo, a leitura dos genes e a clonagem animal ou humana.

Vale ressaltar ainda que a tecnociência esteja produzindo novos corpos, potencializados pelo usos de diferentes produtos e técnicas tais como próteses, suplementos alimentares, lentes de contato, vitaminas, vacinas, drogas químicas, estimulantes, implantes, etc., o corpo ainda está sujeito a distintas hierarquizações. Afirmo, portanto, que as intervenções que nele operam, ao mesmo tempo que podem oferecer-lhe – e oferecem – liberdades, invocam também estratégias de autocontrole e interdição. A promessa de uma vida mais longa e saudável é acompanhada, por exemplo, de inúmeros discursos e representações que auto-regulam o indivíduo tornando-o, muitas vezes, vigia de si próprio. A ênfase na liberdade do corpo no que respeita a sua exposição e desnudamento nos espaços públicos caminha passo a passo com a valorização dos corpos enxutos e "em forma" onde o excesso, mais que rejeitado, é visto, por vezes, como resultado da displicência e da falta de cuidado. Pensando com Foucault, nesse novo investimento sobre o corpo já não há mais a forma de controle-repressão, tão comum aos séculos XVIII e XIX, mas o controle-estimulação porque a valorização e a exploração do corpo são faces de uma mesma moeda. Nas suas palavras: "Fique nu... mas seja magro, bonito e bronzeado!" (1977: 147).

A cultura de nosso tempo e a ciência por ela produzida e que também a produz, ao responsabilizar o indivíduo pelos cuidados de si, enfatiza, a todo momento, que somos o resultado de nossas opções. O que significa dizer que somos os responsáveis por nós mesmos, pelo nosso corpo, pela saúde e pela beleza que temos ou deixamos de ter.

A individualização das aparências produzida a partir da valorização por vezes exacerbada da imagem transformada em performance tem levado os indivíduos a perceber que o corpo é o local primeiro da identidade, o *locus* a partir do qual cada um diz do seu íntimo, da sua personalidade, das suas virtudes e defeitos. Num tempo onde a individualização do eu se faz premente, ser único é sustentar uma inconfundível visibilidade, um eu localizado no visível de corpo. Um eu construído a partir de referências inscritas e prescritas em diversas instâncias culturais, através das quais, a todo e qualquer momento, é possível mensurar o ineditismo de nós mesmos, de nossa singularidade e individualidade.

A produção do corpo se opera, simultaneamente, no coletivo e no individual. Nem a cultura é um ente abstrato a nos governar nem somos meros receptáculos a sucumbir às diferentes ações que sobre nós se operam. Reagimos a elas, aceitamos, resistimos, negociamos, transgredimos tanto porque a cultura é um campo político como o corpo, ele próprio é uma unidade biopolítica. Por essa razão, podemos pensar no corpo como algo que se produz historicamente, o que equivale dizer que o nosso corpo só pode ser produto do nosso tempo, seja do que dele conhecemos, seja do que ainda está por vir. Um corpo que, dada a importância que hoje apresenta no que respeita a construção de nossa subjetividade está exigindo de nós não apenas a busca constante de prazeres sempre reinventados, mas também disciplina, responsabilidade e dedicação. Um corpo que, ao mesmo tempo que é único e revelador de um eu próprio, é também um corpo partilhado porque é semelhante e similar a uma infinidade de outros produzidos neste tempo e nesta cultura.

Referências bibliográficas

CORBIN, Alan (1989). *O território do vazio – A praia e o imaginário ocidental*. São Paulo: Companhia das Letras.

COSTA, Marisa V. (org.) (2000). *Estudos Culturais em educação: mídia, arquitetura, brinquedo, biologia, literatura, cinema...* Porto Alegre: UFRGS.

FOUCAULT, Michel (1992). *Microfísica do poder*. Rio de Janeiro: Graal.

— (1995). *Arqueologia do saber*. Rio de Janeiro: Forense Univ.

MEYER, Dagmar E.E. (1988). Gênero e saúde: indagações a partir do pós-estruturalismo e dos Estudos Culturais. *Revista de Ciências da Saúde*, vol. 17, n. 1, jan.-jun., p. 13-32. Florianópolis [s.e.].

SILVA, Tomaz T. da (org.) (1995). *Alienígenas na sala de aula – Uma introdução aos Estudos Culturais em educação*. Petrópolis: Vozes.

— (org.) (1999). *O que é, afinal, "Estudos Culturais"?* Belo Horizonte: Autêntica.

— (2000). *Teoria cultural e educação: um vocabulário crítico*. Belo Horizonte: Autêntica.

VIGARELLO, Georges (1996). *O limpo e o sujo*. São Paulo: Martins Fontes.

3

Currículo, gênero e sexualidade

O "normal", o "diferente" e o "excêntrico"*

Nós, educadoras e educadores, geralmente nos sentimos pouco à vontade quando somos confrontados com as idéias de provisoriedade, precariedade, incerteza – tão recorrentes nos discursos contemporâneos. Preferimos contar com referências seguras, direções claras, metas sólidas e inequívocas. Apesar disso, hoje são poucos os que se atrevem a negar que a instabilidade e a transitoriedade se transformaram em "marcas" do nosso tempo. Já não é mais possível desprezar tais afirmações como se elas se constituíssem numa ladainha rezada por intelectuais pós-modernistas, uma espécie de mantra que tem o poder de desmobilizar e que, por isso, deve ser exorcizada do campo educacional. De formas muito concretas, temos sido lançados a situações absolutamente imprevisíveis, algumas trágicas, outras fascinantes, quase todas inexplicáveis. Mais do que nunca nos percebemos vulneráveis, sem qualquer preparo para enfrentar os choques e os desafios que aparecem de toda parte.

* Este texto foi apresentado no V Colóquio sobre Questões Curriculares/I Colóquio Luso-Brasileiro promovido pela Universidade do Minho e pela Universidade Federal do Rio de Janeiro, em Braga, Portugal, em fevereiro de 2002. Apareceu na revista virtual *Labrys: estudos feministas* (Vol. 1, n. 1/2, jul.-dez./2002), disponível em http://www.unb.br/ih/his/gefem

Que fazer? A muitos talvez pareça mais prudente buscar no passado algumas certezas, algum ponto de estabilidade capaz de dar um sentido mais permanente e universal à ação. O ritmo e o caráter das transformações podem, contudo, converter esse recuo em imobilidade. Para outros – e aqui pretendo me incluir – a opção é assumir os riscos e a precariedade, admitir os paradoxos, as dúvidas, as contradições e, sem pretender lhes dar uma solução definitiva, ensaiar, em vez disso, respostas provisórias, múltiplas, localizadas. Reconhecer, como querem os/as pós-modernistas, que é possível questionar todas as certezas sem que isso signifique a paralisia do pensamento, mas, ao contrário, se constitua em fonte de energia intelectual e política.

Este ambiente de transformações aceleradas e plurais, que hoje vivemos, parece ter se intensificado desde a década de 1960, possibilitado por um conjunto de condições e levado a efeito por uma série de grupos sociais tradicionalmente submetidos e silenciados. As vozes desses sujeitos faziam-se ouvir a partir de posições desvalorizadas e ignoradas; elas ecoavam a partir das margens da cultura e, com destemor, perturbavam o centro. Uma outra política passava a acontecer, uma política que se fazia no plural, já que era – e é – protagonizada por vários grupos que se reconhecem e se organizam, coletivamente, em torno de identidades culturais de gênero, de raça, de sexualidade, de etnia. O centro, materializado pela cultura e pela existência do homem branco ocidental, heterossexual e de classe média, passa a ser desafiado e contestado. Portanto, muito mais do que um sujeito, o que passa a ser questionado é toda uma noção de cultura, ciência, arte, ética, estética, educação que, associada a esta identidade, vem usufruindo, ao longo dos tempos, de um modo praticamente inabalável, a posição privilegiada em torno da qual tudo mais gravita.

"Novas" identidades culturais obrigam a reconhecer que a cultura, longe de ser homogênea e monolítica, é, de fato, complexa, múltipla, desarmoniosa, descontínua. Muitos afirmam, com evidente desconforto, que essas novas identidades "ex-cêntricas" passaram não só a ganhar importância nestes tempos pós-modernos, como, mais do que isso, passaram a se constituir no novo centro das atenções. Não há como negar que um outro movimento político e teórico se pôs em ação, e nele as noções de centro, de margem e de fronteira passaram a ser questionadas. É preciso, no entanto, evitar o reducionismo teórico e político que apenas transforma as margens em um novo centro. O movimento não pode se limitar a inverter as posições, mas, em vez disso, supõe aproveitar o deslocamento para demonstrar o caráter construído do centro – e também das margens! É necessário admitir, ainda, que o questionamento de sistemas e instituições, práticas e sujeitos solidamente estabelecidos na posição central, que hoje é levado a efeito, não implica negar que o centro permanece como uma atraente ficção de ordem e de unidade. O importante é reconhecer que isso se constitui numa ficção. A universalidade e a estabilidade deste lugar central resultam de uma história que tem sido constantemente reiterada – e por isso parece tão verdadeira – do mesmo modo que a posição do ex-cêntrico não passa de uma elaboração que integra esta mesma história.

Há uma estreita articulação entre os movimentos sociais dos anos 60 e o pós-modernismo. Como afirmou Linda Hutcheon, numa entrevista: "subitamente, as diferenças de gênero e raciais estavam sobre a mesa de discussão" e, "uma vez que isso aconteceu, a 'diferença' tornou-se foco do pensamento – desde novas questões de escolhas sexuais e história pós-colonial até questões mais familiares, tais como religião e classe". É nesta perspectiva que pretendo desenvolver minha análise sobre a constituição de diferenças e identidades de gênero e sexuais e, mais especificamente, sobre as formas como esse processo vem se expressando no campo do currículo.

Uma noção singular de gênero e sexualidade vem sustentando currículos e práticas de nossas escolas. Mesmo que se admita que existem muitas formas de viver os gêneros e a sexualidade, é consenso que a instituição escolar tem obrigação de nortear suas ações por um padrão: haveria apenas um modo adequado, legítimo, normal de masculinidade e de feminilidade e uma única forma sadia e normal de sexualidade, a heterossexualidade; afastar-se desse padrão significa buscar o desvio, sair do centro, tornar-se excêntrico.

Conforme registra o dicionário, excêntrico é aquele ou aquilo que está fora do centro; é o extravagante, o esquisito; é, também, o que tem um centro diferente, um outro centro. Jogar com acepções dicionarizadas das palavras pode se mostrar um exercício interessante: pode nos ajudar a pensar sobre as formas como se estabelecem as posições-de-sujeito no interior de uma cultura – e, conseqüentemente, pode nos ajudar a pensar sobre as formas como a escola e o currículo realizam sua parte neste empreendimento.

A posição central é considerada a posição não-problemática; todas as outras posições-de-sujeito estão de algum modo ligadas – e subordinadas – a ela. Tudo ganha sentido no interior desta lógica que estabelece o centro e o excêntrico; ou, se quisermos dizer de outro modo, o centro e suas margens. Ao conceito de centro vinculam-se, freqüentemente, noções de universalidade, de unidade e de estabilidade. Os sujeitos e as práticas culturais que não ocupam este lugar recebem as marcas da particularidade, da diversidade e da instabilidade. Portanto, toda essa "conversa" pós-moderna de provisoriedade, precariedade, transitoriedade etc. etc. só pode se ajustar às mulheres, aos negros e negras, aos sujeitos homossexuais ou bissexuais. A identidade masculina, branca, heterossexual deve ser, supostamente, uma identidade sólida, permanente, uma referência confiável.

Em coerência com esta lógica, em nossas escolas, as ciências e os mapas, as questões matemáticas, as narrativas históricas ou os textos literários relevantes sempre assumem tal identidade como referência. A contínua afirmação e reafirmação deste lugar privilegiado nos faz acreditar em sua universalidade e permanência; nos ajuda a esquecer seu caráter construído e nos leva a lhe conceder a aparência de natural. Todas as produções da cultura construídas fora deste lugar central assumem o caráter de diferentes e, quando não, são simplesmente excluídas dos currículos, ocupam ali a posição do exótico, do alternativo, do acessório.

Não há mais novidade em tais afirmações. Já há algumas décadas o movimento feminista, o movimento negro e também os movimentos das chamadas minorias sexuais vêm denunciando a ausência de suas histórias, suas questões e suas práticas nos currículos escolares. A resposta a essas denúncias, contudo, não passa, na maioria dos casos, do reconhecimento retórico da ausência e, eventualmente, da instituição, pelas autoridades educacionais, de uma "data comemorativa": o "dia da mulher" ou "do índio", a "semana da raça negra" etc. Como resultado, escolas infantis e cursos fundamentais reservam alguns momentos para "contemplar" esses sujeitos e suas culturas, enquanto professoras e professores bem-intencionados se esforçam para listar as "contribuições" desses grupos para o país – sua parcela na formação da música ou da dança, sua colaboração nas atividades econômicas ou nas artes etc. Nas escolas secundárias e superiores, reveste-se o evento com as roupagens adequadas para a faixa etária correspondente: promove-se um ciclo de palestras, convida-se um "representante" da minoria em questão ou se passa um filme seguido de um debate e com tais providências dá-se por atendida a tal ausência reclamada. As atividades – sejam quais forem os objetivos ou intenções declarados – não chegam a perturbar o curso "normal" dos programas, nem mesmo servem para desestabilizar o cânon oficial. Momentaneamente, a Cultura (com C maiúsculo) cede um espaço, no qual manifestações especiais e particulares são apresentadas e celebradas como exemplares de uma outra cultura. Estratégias que podem tranqüilizar a consciência dos planejadores, mas que, na prática, acabam por manter o lugar especial e problemático das identidades "marcadas" e, mais do que isso, acabam por apresentá-las a partir das representações e narrativas construídas pelo sujeito central. Aparentemente se promove uma inversão, trazendo o marginalizado para o foco das atenções, mas o caráter excepcional desse momento pedagógico reforça, mais uma vez, seu significado de diferente e de estranho.

Ao ocupar, excepcionalmente, o lugar central, a identidade "marcada" continua representada como diferente.

Uma estratégia mais desestabilizadora irá colocar em discussão esse tipo de representação. Problematizará, por exemplo, o fato de as mulheres serem denominadas de "o segundo sexo" (uma afirmativa que é, via de regra, consensual e indiscutível) e levará a analisar as narrativas - religiosas, históricas, científicas, psicológicas - que instituíram este lugar para o feminino. Tornará possível discutir o que implica, numa seqüência qualquer, ser o segundo elemento; ou o que significa ser o primeiro, isto é, ser a identidade que serve de referência; ou, ainda, permitirá analisar as formas através das quais tal classificação se faz presente nas práticas sociais e culturais de qualquer grupo.

É possível avançar, deste modo, de uma perspectiva de "contemplação, reconhecimento ou aceitação das diferenças" para outra, que permite examinar as formas através das quais as diferenças são produzidas e nomeadas. A questão deixa de ser, neste caso, a "identificação" das diferenças de gênero ou de sexualidade, percebidas como marcas que preexistem nos corpos dos sujeitos e que servem para classificá-los, e passa a ser uma questão de outra ordem: a indagação de como (e por que) determinadas características (físicas, psicológicas, sociais etc.) são tomadas como definidoras de diferenças. O movimento permite compreender, talvez de forma mais nítida, que toda e qualquer diferença é sempre atribuída no interior de uma dada cultura; que determinadas características podem ser valorizadas como distintivas e fundamentais numa determinada sociedade e não terem o mesmo significado em outra sociedade; e, ainda, que a nomeação da diferença é, ao mesmo tempo e sempre, a demarcação de uma fronteira.

Essa mudança epistemológica mostra-se especialmente importante quando se trata de identidades de gênero e sexuais, já que põe em questão a sua naturalidade, ao acentuar o caráter cultural da masculinidade, da feminilidade, da homossexualidade ou da heterossexualidade. Isso não significa negar a materialidade desses sujeitos nem desprezar seus corpos. E não significa, também, negar todo um conjunto de códigos, representações e práticas discursivas utilizados para sinalizar sua identidade. Implica compreender, sim, que são precisamente os discursos, os códigos, as representações que atribuem o significado de diferente aos corpos e às identidades. Judith Butler (1999: 153) diz que "a diferença sexual [...] não é, nunca, simplesmente, uma função de diferenças materiais que não sejam, de alguma forma, simultaneamente marcadas e formadas por práticas discursivas". As diferenças de gênero e de sexualidade que são atribuídas às mulheres ou aos sujeitos homossexuais, sem dúvida, se expressam materialmente em seus corpos e na concretude de suas vidas, ao mesmo tempo em que são significadas e marcadas discursivamente. As diferenças têm efeitos materiais, evidentes, por exemplo, na impossibilidade ou nas dificuldades legais que homens e mulheres homossexuais têm de constituir família, de assumir a guarda de filhos ou de adotá-los, ou ainda de receber herança após a morte de seus companheiros e companheiras. Os discursos produzem uma "verdade" sobre os sujeitos e sobre seus corpos, ao denunciarem, por exemplo, os malefícios da menstruação, associando-a à anemia e à tensão, e ao sugerirem, conseqüentemente, que mulheres "esclarecidas" evitem essa sistemática perda de sangue. Os discursos resultam num "saber", como o que afirma, por exemplo, que, diante de tragédias pessoais, as mulheres acionam zonas cerebrais diferentes e mais amplas do que aquelas acionadas pelos homens. Os discursos traduzem-se, fundamentalmente, em hierarquias que são atribuídas aos sujeitos e que são, muitas vezes, assumidas pelos próprios sujeitos. Por isso, para educadoras e educadores importa saber como se produzem os discursos que instituem diferenças, quais os efeitos que os discursos exercem, quem é marcado como diferente, como currículos e outras instâncias pedagógicas representam os sujeitos, que possibilidades, destinos e restrições a sociedade lhes atribui.

Nesta perspectiva, a diferença se constitui, sempre, numa relação. Ela deixa de ser compreendida como um dado e passa a ser vista como uma atribuição que é feita a partir de um determinado lugar. Quem é representado como diferente, por outro lado, torna-se indispensável para a definição e para a contínua afirmação da identidade central, já que serve para indicar o que esta identidade não é ou não pode ser. Assumir essa perspectiva teórica supõe, portanto, refletir sobre relações entre sujeitos e grupos, significa analisar conflitos, disputas e jogos de poder historicamente implicados nesses processos. Supõe, também, reconhecer que vários embates culturais são levados a efeito, cotidianamente, em muitas instâncias pedagógicas. Não apenas na escola, mas também na mídia, no cinema, nas artes, nas campanhas de saúde, nos informes médicos, nos parlamentos, nos tribunais etc.

Sob esta ótica, os apelos em prol da tolerância e do respeito aos diferentes também devem ganhar outra conotação. É preciso abandonar a posição ingênua que ignora ou subestima as histórias de subordinação experimentadas por alguns grupos sociais e, ao mesmo tempo, dar-se conta da assimetria que está implícita na idéia de tolerância. Associada ao diálogo e ao respeito, a tolerância parece insuspeita quando é mencionada nas políticas educativas oficiais ou nos currículos. Ela se liga, contudo, à condescendência, à permissão, à indulgência - atitudes que são exercidas, quase sempre, por aquele ou aquela que se percebe superior. A tolerância parece se inscrever, assim, numa ótica mais psicológica e individual e, como conseqüência, a meta consiste na mudança de atitude. Certamente não advogo, aqui, o monólogo ou a intolerância, mas sim a atenção crítica que desconfia da inocência das palavras e que põe em questão a suposta neutralidade dos discursos. Para além da mudança de atitude, a análise cultural estaria preocupada, neste caso, com a ação política coletiva.

Se o movimento teórico e político contemporâneo coloca em xeque as noções de centro, de margem e de fronteira, isso deve significar mais do que a aceitação e a tolerância do diferente ou até mesmo mais do que sua transferência da posição marginalizada para a posição central. O grande desafio talvez seja admitir que todas as posições podem se mover, que nenhuma é natural ou estável e que mesmo as fronteiras entre elas estão se desvanecendo. A não-nitidez e a ambigüidade das identidades culturais podem mesmo ser, às vezes, a posição desejada e assumida – tal como fazem, por exemplo, muitos jovens homens e mulheres ao inscrever em seus corpos, propositalmente, signos que embaralham possíveis definições de masculinidade e de feminilidade. Os corpos, como bem sabemos, estão longe de ser uma evidência segura das identidades! Não apenas porque eles se transformam pelas inúmeras alterações que o sujeito e as sociedades experimentam, mas também porque as intervenções que neles fazemos são, hoje, provavelmente mais amplas e radicais do que em outras épocas. Realizamos, todos, um investimento contínuo sobre nossos corpos: através de roupas, adornos, perfumes, tatuagens, cosméticos, próteses, implantes, plásticas, modelagens, dietas, hormônios, lentes... Tudo isso torna cada vez mais problemática a pretensão de tomá-los como estáveis e definidos. Tudo isso torna cada vez mais impossível a pretensão de tomá-los como naturais.

Se a instabilidade é perturbadora, mais ainda nos parecerá a existência daqueles sujeitos que ousam assumi-la abertamente, ao escolherem a mobilidade e a posição de trânsito como o seu "lugar". Para alguns grupos culturais, ser excêntrico significa abandonar qualquer referência à posição central. Não se trata de, simplesmente, se opor ao centro e, menos ainda, de aspirar a ser reconhecido por ele. Esses sujeitos não buscam ser "integrados", "aceitos" ou "enquadrados"; o que desejam é romper com uma lógica que, a favor ou contra, continua se remetendo, sempre, à identidade central. Assumem-se como estranhos, esquisitos, excêntricos e assim querem viver – pelo menos por algum tempo, ou melhor, pelo tempo que bem lhes aprouver.

Para o campo educacional, a afirmação desses grupos é profundamente perturbadora. Não dispomos de referências ou de tradições para lidar com os desafios aí implicados. Não podemos mais simplesmente "encaminhá-los" para os serviços de orientação psicológica para que sejam corrigidos, nem podemos aplicar-lhes um sermão para que sejam reconduzidos ao "bom caminho". Mas certamente é impossível continuar ignorando-os. Talvez tenhamos que admitir que sua presença é parte de nosso tempo. Sua "estranha" figura poderá (quem sabe?) nos ajudar a lembrar que as nossas "figuras" – as formas como apresentamos a nós próprios e aos outros – são sempre formas inventadas e marcadas pelas circunstâncias culturais em que vivemos. Sua figura "esquisita" exerce uma paródia de masculinidade ou de feminilidade e talvez nos leve a reconhecer o quanto todas as representações de gênero ou de sexo se fazem através de sinais e códigos culturais (afinal, nós – que usualmente nos consideramos tão "normais" – também usamos uma série de códigos, gestos, recursos para dizer quem somos, para nos apresentarmos e representarmos como mulheres e homens diante da sociedade). Consideramos esses sujeitos irreverentes, desrespeitosos, quase iconoclastas por desacatarem normas ou por tornarem ridículos aspectos "sérios" de nossa cultura. Sua ambivalência nos desconforta e ameaça (e também nos fascina, devemos confessar!). Contudo, é preciso pensar que a paródia que exercem sobre as convenções, as regras, normas e preceitos da sociedade contemporânea se constitui numa importante forma de crítica. Uma crítica que problematiza e que, ao mesmo tempo, incorpora aquilo de que fala ou a que se refere, já que a paródia requer uma certa capacidade de se aproximar e até de se identificar com o que está sendo posto em questão. Seus modos ousados, o deslocamento e a posição fronteiriça que parecem experimentar talvez lhes permita perceber a arbitrariedade de nossos arranjos sociais de formas inéditas, de formas como nós nunca os pensamos. Não se trata de atribuir a essa crítica um caráter de maior lucidez ou clareza – ela será tão parcial e localizada quanto qualquer outra. Seu mérito reside no fato de partir de uma posição não convencional, de uma posição praticamente inabitável e, por isso, capaz de suspeitar de arranjos e de práticas intocáveis. De qualquer forma, o que deve nos interessar é o fato de que eles estão nos dizendo coisas, de que eles são integrantes da sociedade em que vivemos e, além disso, o fato de que, de uma forma ou de outra, eles estão em nossas escolas. Não podemos deixar de lhes prestar atenção.

Talvez seja mais produtivo para nós, educadoras e educadores, deixar de considerar toda essa diversidade de sujeitos e de práticas como um "problema" e passar a pensá-la como constituinte do nosso tempo. Um tempo em que a diversidade não funciona mais com base na lógica da oposição e da exclusão binárias, mas, em vez disso, supõe uma lógica mais complexa. Um tempo em que a multiplicidade de sujeitos e de práticas sugere o abandono do discurso que posiciona, hierarquicamente, centro e margens em favor de outro discurso que assume a dispersão e a circulação do poder. Não eliminamos a diferença, mas, ao contrário, observamos que ela se multiplicou – o que nos indica o quanto ela é contingente, relacional, provisória. A diversidade nos demonstra, mais do que nunca, que a história e as lutas de um grupo cultural são atravessadas e contingenciadas por experiências e lutas conflitantes, protagonizadas por outros grupos. Por isso, temos de aprender, nesses tempos pós-modernos, a aceitar que a verdade é plural, que ela é definida pelo local, pelo particular, pelo limitado, temporário, provisório. Temos de aprender a ser modestos e, ao mesmo tempo, a estarmos atentos em relação ao caráter político de nossas ações cotidianas. Precisamos prestar atenção às estratégias públicas e privadas que são postas em ação, cotidianamente, para garantir a estabilidade da identidade "normal" e de todas as formas culturais a ela associadas; prestar atenção às estratégias que são mobilizadas para marcar as identidades "diferentes" e aquelas que buscam superar o medo e a atração que nos provocam as identidades "excêntricas". Precisamos, enfim, nos voltar para práticas que desestabilizem e desconstruam a naturalidade, a universalidade e a unidade do centro e que reafirmem o caráter construído, movente e plural de todas as posições. É possível, então, que a história, o movimento e as mudanças nos pareçam menos ameaçadores.

Referências bibliográficas

BUTLER, Judith (1999). Corpos que pesam - Sobre os limites discursivos do "sexo". *In*: LOURO. Guacira Lopes (org.) *O corpo educado - Pedagogias da sexualidade*. Belo Horizonte: Autêntica.

HUTCHEON, Linda (1997). *Theorizing feminism and post-modernity - A conversation with Linda Hutcheon by Kathleen O'Grady*. Trinity College/University of Cambridge [http://bailiwick.lib.uiowa.edu/wstudies/hutcheon.html].

4

Erotização dos corpos infantis

Significativas transformações - políticas, econômicas, sociais, culturais - ocorridas principalmente a partir do século XVIII em relação aos conceitos de infância e sua respectiva educação, família, instituições educativas, em combinação com o acesso infantil a informações sobre o mundo adulto, especialmente com o surgimento de novas tecnologias nas últimas décadas, como os meios de comunicação de massa e a *Internet*, têm mudado drasticamente as vivências infantis, acarretando o que alguns autores e autoras têm chamado de crise da infância contemporânea ou até mesmo seu desaparecimento (Postman, 1999; Steinberg, 2001; Corazza, 2002; Bujes, 2003).

As representações de pureza e ingenuidade, suscitadas pelas imagens infantis, têm convivido com outras imagens, extremamente erotizadas, das crianças, especialmente em relação às meninas (Walkerdine, 1999; Landini, 2000; Neckel, 1999; 2002). Tal processo merece ser examinado com maior atenção, e se constitui em um dos principais objetivos das pesquisas que venho desenvolvendo nos últimos anos[1]. Procuro discutir e proble-

1. Atualmente, coordeno a pesquisa "Infância, sexualidade e gênero: discutindo a 'pedofilização' da sociedade e o consumo de corpos infantis", que conta com a participação das pesquisadoras Bianca Salazar Guizzo, Graciema de Fátima da Rosa e Judite Guerra. Em pesquisa anterior, concluída em dezembro de 2002, intitulada "E foram mais ou me-

matizar o conceito de infância articulado às questões de gênero e sexualidade, a partir da perspectiva dos Estudos Culturais e dos Estudos Feministas, tendo como marco teórico a abordagem pós-estruturalista de análise, em especial as contribuições de Michel Foucault (1992) sobre relações de poder-saber e o governo dos corpos. Busco analisar como as Pedagogias Culturais têm sido acionadas em suas diversas instâncias, contribuindo para a formação de meninos e meninas, especialmente no que se refere às identidades de gênero e identidades sexuais (Neckel, 1998).

O corpo como objeto de consumo

> *O corpo, tal como a vida, está em constante mutação. As aparências físicas demonstram de modo exemplar esta tendência: elas nunca estão prontas, embora jamais estejam no rascunho. [...] Cada corpo, longe de ser apenas constituído por leis fisiológicas, supostamente imutáveis, não escapa à história* (Sant'Anna, 2000: 50).

Ao longo da história e nas mais diferentes culturas, o corpo tem sido pensado, construído, investido, produzido de diversas formas. Vários campos do conhecimento têm tomado para si, através de seus *experts*, a tarefa de falar sobre ele, descrevê-lo, conceituá-lo, atribuir-lhe sentido, ditar regras de modo a normatizá-lo. Por outro lado, não podemos deixar de considerar que o corpo tem sido dividido e demarcado através das expectativas que se colocam sobre ele, conferindo-lhe maior ou menor *status*, especialmente quando se trata de defini-lo e situá-lo em função do sexo. Corpos masculinos e femininos não têm sido percebidos e valorizados da mesma forma. Há uma tendência a hie-

---

nos felizes... enquanto puderam: problematizando as relações de gênero e sexualidade nas escolas infantis", foram feitas observações e entrevistas com as professoras para saber quais eram as principais questões em torno da sexualidade infantil. A pesquisa fez parte de um projeto maior intitulado: "Qualificar o cuidado infantil e a cidadania feminina: um trabalho com mulheres atendentes de creches comunitárias em Viamão/RS", que contou com financiamento da Fapergs nos anos de 2001-2002.

rarquizá-los, a partir de suas diferenciações mais visíveis e invisíveis. Em nossa cultura os corpos constituem-se no abrigo de nossas identidades (de gênero, sexuais e de raça).

Para Mary Del Priore (2000: 96), a construção social de uma identidade feminina está calcada, nos dias atuais, "quase que exclusivamente na montagem e escultura desse novo corpo... um corpo cirúrgico, esculpido, fabricado e produzido, corpo que é o centro das atenções e fetiche de consumo". Tal preocupação tem atingido não só as mulheres, mas também as meninas, pois é comum observarmos em suas falas e comportamentos uma grande preocupação com a aparência. Recentemente, uma menina de seis anos disse à sua mãe que gostaria de comer apenas alface para não correr o risco de engordar. Outra menina de apenas dois anos recusou-se a colocar o casaco para não parecer gorda. O constante apelo à beleza, que se expressa através de um corpo magro e jovem, e que, para se manter dentro desses padrões, precisa cada vez mais se submeter a sacrifícios e cuidados, tem encontrado acolhida não só entre mulheres mais maduras, mas também entre as jovens e meninas. Elas freqüentam cada vez mais cedo as academias de ginástica, se submetem a cirurgias plásticas, fazem dietas, estabelecem pactos entre as amigas (ficar dois meses sem tomar refrigerantes, por exemplo), tudo em nome da beleza. Se observamos as propagandas de brinquedos dirigidas às meninas, veremos que elas investem de forma importante na idéia de cultivo à beleza como algo inerente ao feminino, aliada sempre ao supérfluo, ao consumo desenfreado, ou seja, não basta ter apenas a boneca tal, é preciso ter todos os modelos e variações da mesma boneca e seus respectivos acessórios. Outros itens se somam aos brinquedos, tais como produtos de maquiagem, roupas e calçados, perfumes, etc., na tentativa de reafirmar a beleza e a vaidade como algo natural (Neckel, 1999).

Shirley Steinberg (1997; 2001) chama atenção para o fato de as crianças terem sido descobertas como consumidoras em potencial a partir da década de 50 do século XX, com o surgimento de novas tecnologias produzidas após a Segunda Guerra Mundial. Desde então, uma série de produtos tem sido direcionada para elas nos mais variados segmentos (indústria de brinquedos e entretenimentos em geral, vestuário, calçados, acessórios, produtos de higiene e limpeza - fraldas, cremes, xampus -, alimentos, móveis, revistas e livros, dentre outros). Além disso, é possível observar que os espaços têm sido planejados de modo a contemplar esse segmento da população (veja-se, por exemplo, os supermercados e *shoppings*, que já dispõem de um lugar específico para as crianças ficarem enquanto os pais vão às compras).

Com o surgimento dos veículos de comunicação de massa, em especial a TV, as crianças passaram a ser vistas como pequenos consumidores, e a cada dia são alvos constantes de propagandas. Ao mesmo tempo em que elas têm sido vistas como veículo de consumo, é cada vez mais presente a idéia da infância como objeto a ser apreciado, desejado, exaltado, numa espécie de "pedofilização" generalizada da sociedade. Tatiana Landini (2000: 29) chama atenção para o fato de haver uma "erótica infantil", isto é, uma erotização da imagem da criança amplamente veiculada pela mídia. "Não é difícil encontrar propagandas e anúncios onde a criança é mostrada em pose sensual ou em um contexto de sedução". Ao mesmo tempo em que se condena qualquer tipo de relação sexual envolvendo um adulto e uma criança, como sendo a forma mais terrível de violência sexual, vive-se em uma cultura que produz constantemente imagens erotizadas das crianças, em especial de meninas.

Os corpos vêm sendo instigados a uma crescente erotização, amplamente veiculada através da TV, do cinema, da música, dos jornais, das revistas, das propagandas, *outdoors*, e, mais recentemente, da *Internet*, tem sido possível vivenciar novas modalidades de exploração dos corpos e da sexualidade. Tal processo de erotização tem produzido efeitos significativos na construção das identidades de gênero e identidades sexuais das crianças, especialmente em relação às meninas, como apontou Valerie Walkerdine (1999). Segundo ela, garotinhas atraentes e altamente erotizadas têm sido visibilizadas em propagandas, cujas imagens têm mais similaridade com imagens provenientes da pornografia infantil do que com imagens psicoeducacionais.

Também é interessante perceber o quanto os vários discursos em torno da sexualidade[2] costumam colocá-la como central à nossa existência, através de um discurso naturalizante e universal, produzindo assim poderosos efeitos de verdade. No entanto, Jeffrey Weeks (1999) observa que a sexualidade, embora tendo como suporte um corpo biológico, deve ser vista como uma construção social, uma invenção histórica, pois o sentido e o peso que lhe é atribuído são modelados em situações sociais concretas.

Sexualidade, pedofilia: algumas implicações

Segundo a Organização Mundial de Saúde, a pedofilia pode ser definida como a ocorrência de práticas sexuais entre um indivíduo maior de 16 anos com uma criança na pré-puberdade (13 anos ou menos), classificando como doente a pessoa que as pratica. No entanto, nem sempre foi assim. Na sua origem grega a palavra "pedófilo" é composta pelo substantivo grego *pais*, que significa criança, e pelo verbo *phileo*, que corresponde a amar. Segundo Landini (2002), com essa base, são encontrados dois substantivos em grego antigo: *paidophilos* = aquele que ama as crianças, e *paidophilès* = aquele que ama os meninos. Se recorrermos aos dicionários poderemos perceber mudanças significativas em relação ao conceito. Em dicionários mais antigos, datados da primeira metade do século XX[3], por exemplo, encontraremos o termo "pedofilia" como sinônimo de

2. O termo sexualidade é aqui empregado no sentido que lhe confere Weeks (1999), como uma descrição geral para a série de crenças, comportamentos, relações e identidades sociais e históricos. Ver especialmente Michel Foucault (1993), em *História da sexualidade*.

3. No *Novo Dicionário da Língua Portuguesa*, de Aurélio Buarque de Hollanda Ferreira (1986), ainda é possível encontrar a mesma definição para pedófilo, ou seja, aquele que gosta de crianças, e pedofilia é definida como qualidade ou sentimento do pedófilo.

amor às crianças e "pedófilo" como aquele que gosta muito de crianças. No entanto, nas versões mais recentes, "pedófilo" aparece como aquele que sofre de pedofilia, assumindo assim um caráter negativo, de doença, de anormalidade. "Pedofilia" é definida como um "...desejo forte e repetido de práticas sexuais e de fantasias sexuais com crianças pré-púberes" (Ferreira, 1999).

No campo da medicina e psicologia há divergências quanto à forma de classificação e às estratégias de combate à pedofilia. Trata-se, portanto, de um conceito amplo o bastante para explicar desde práticas sádicas com crianças até a contemplação de fotos sensuais de meninas e adolescentes.

Como ressalta Luiz Mott (1989: 33), ao considerarmos a criança como um ser inocente e indefeso, "aproximá-la dos prazeres eróticos equivaleria a profanar sua própria natureza – a dessexualização da infância e adolescência impõe-se como um valor humano fundamental da civilização judaico-cristã". O autor observa que dentre as práticas sexuais mais repelidas pela sociedade ocidental contemporânea estão a pedofilia e a pederastia (também chamada de efebofilia[4]) que consiste na relação sexual de adulto com adolescente.

A tentativa de dessexualizar as crianças é um fenômeno recente na história ocidental, pois até meados do século XVII meninos e meninas conviviam com o mundo adulto em todas as suas nuances. Em outras sociedades, como na Grécia Antiga, a relação sexual entre adultos e jovens fazia parte de um processo pedagógico. Na Índia Antiga, a casta dos *nayar* estimulava experiências sexuais de meninas antes da primeira menstruação. Sabe-se também que uma das esposas de Maomé tinha apenas 8 anos quando se casou com ele, já com 53 anos. Durante a Idade Média e o Renascimento, o ideal de beleza feminina estava

---

4. O termo "efebo" surgiu entre os gregos para designar o jovem do sexo masculino que era iniciado na vida sexual e social por um homem mais velho. O casamento heterossexual tinha apenas efeitos práticos, uma vez que a relação amorosa considerada mais autêntica se dava entre rapazes e homens mais velhos.

calcado em atributos tipicamente característicos da infância daquela época, tais como: cabelos longos e louros, maçãs do rosto salientes e uma atitude displicente. Vale lembrar que grande parte das mulheres contraía núpcias muito jovens, em geral com homens bem mais velhos. Provavelmente, muitas de nossas avós e bisavós casaram-se ainda meninas. Portanto, as práticas sexuais entre crianças e adultos foram durante muito tempo, e em diversas culturas, toleradas e até mesmo estimuladas.

Mesmo nos dias atuais, em dezenas de sociedades tribais da Melanésia, ainda se pratica o ato sexual com adolescentes, pois imagina-se que, através da transmissão do sêmen de homens adultos para as crianças, elas crescerão fortes e possuirão a semente da vida. Em muitas regiões pobres do Brasil, bem como em outros países com populações miseráveis, as famílias costumam oferecer suas crianças, especialmente as meninas, em troca de algum dinheiro. Caberia então perguntar quais foram as condições que possibilitaram tais mudanças, fazendo com que determinadas práticas passassem a ser consideradas impróprias, sendo alvo de controle por parte das autoridades médicas, religiosas e jurídicas. De que forma isto se deu e quais as implicações dessas mudanças?

Foucault (1993) observa que mecanismos específicos de conhecimento e poder centrados no sexo se conjugaram, desde o século XVIII, através de uma variedade de práticas sociais e técnicas de poder. Desta forma, a sexualidade de mulheres e crianças, o controle do comportamento procriativo e a demarcação de perversões sexuais, vistas somente sob a ótica de patologia individual, produziram, ao longo do século XIX, quatro figuras submetidas à observação e ao controle social, inventadas no interior de discursos reguladores: a mulher histérica, a criança masturbadora, o casal que utiliza formas artificiais de controle da natalidade e o "pervertido", especialmente o homossexual. Cabe ressaltar, porém, que a definição do que deve ser considerado perversão, anormal, abjeto, depende quase inteiramente do marco de referência de uma determinada cultura, seja em nome da religião, da boa e adequada educação, etc. Nossa sociedade vai mudando de geração em geração também no que diz respeito aos costumes e moralidades sexuais, como lembra Camphausen (2001)[5].

Práticas até então vistas como naturais e comuns foram consideradas e classificadas como problemáticas, necessitando, portanto, de controle minucioso, através de tratamentos ou até mesmo de punições. Era preciso governar os corpos e uma das principais características modernas de governo é a sua vinculação e dependência a determinadas formas de conhecimento sobre a população a ser governada[6]. Como refere Tomaz Tadeu da Silva:

> As modernas formas de governo da conduta humana dependem, assim, de formas de saber que definem e determinam quais condutas podem e devem ser governadas, que circunscrevem aquilo que pode ser pensado sobre essas condutas e que prescrevem os melhores meios para torná-las governáveis.
>
> O controle externo da conduta - aquilo que Foucault chamou de "tecnologias da dominação" - combina-se com o autocontrole - aquilo que Foucault chama de "tecnologias do eu" - para produzir o sujeito autogovernável das sociedades modernas. A produção desse sujeito autogovernável é precisamente o objetivo da ação de instituições como a educação (o currículo), a Igreja, os meios de comunicação de massa, as instituições de "terapia"... Se para governar é preciso conhecer os indivíduos a serem governados, para autogovernar-se é necessário conhecer-se a si próprio (1995: 191-192).

---

5. Camphausen (2001: 256) considera perverso aquilo que uma pessoa faz a outra sem seu consentimento. "No contexto erótico/sexual pode ser qualificado como perverso a violação, a tortura, a clitoridectomia e todas as formas de sadismo e incesto em que se força uma pessoa ou animal sem seu consentimento".

6. No sentido foucaultiano, "governo" deve ser entendido em seu sentido político de regulação e controle, não se restringindo ao campo meramente administrativo ou burocrático.

Desta forma, o conhecimento produzido sobre a infância a partir do século XVIII, suas características e necessidades, foi consolidando aos poucos a idéia da criança como sujeito de direitos, merecedora de dignidade e respeito, devendo ser preservada em sua integridade física e emocional. No século XIX foram criadas várias leis para garantir proteção e bem-estar à infância, implicando um maior controle do Estado, inclusive em relação à sexualidade infanto-juvenil. Passou-se, então, da indiferença para com os abusos e práticas sexuais envolvendo crianças, durante vários séculos, à vigilância constante da sexualidade infantil, bem como de outras sexualidades, vistas a partir de então como potencialmente doentias e perigosas.

Segundo Landini (2000) uma das principais preocupações relacionadas à sexualidade, atualmente, refere-se ao uso e à exploração sexual de crianças, em suas mais diversas formas: pornografia, prostituição, estupro, incesto, etc. Estes temas apresentam-se, portanto, como um importante desafio às instâncias de produção de saber, bem como aos responsáveis pela elaboração e cumprimento das leis em defesa da infância e da juventude. Em janeiro de 1999 mais de 300 especialistas ligados à proteção de menores e às empresas de comunicação se reuniram na sede da Unesco, em Paris, para discutir a questão da pedofilia, o que demonstra a importância desta temática na atualidade.

Apesar de reconhecer a relevância destas discussões em torno das leis de proteção à infância, especialmente no que diz respeito à sua integridade física, emocional e moral, não é minha intenção, nos limites deste artigo, discutir aspectos pertinentes à legislação sobre o tema, mas pretendo chamar a atenção para questões em torno da construção das identidades de gênero e sexuais na infância. Como argumenta Guacira Louro:

> Ao afirmarmos o caráter relacional e múltiplo das identidades, sua fluidez e sua inconstância, estamos sugerindo uma abordagem muito mais complexa. Articulando-se em variadas combinações, as identidades de gênero, raça, classe, sexualidade, religião,

> nacionalidade são - todas - constituídas por (e constituintes de) redes de poder. Não há identidade fora do poder, todas o exercitam e, simultaneamente, todas sofrem sua ação. As identidades fazem parte dos jogos políticos, ou melhor, as identidades *se fazem* em meio a relações políticas (2000: 68).

A partir da perspectiva teórica dos Estudos Feministas e dos Estudos Culturais, creio ser fundamental analisar de que forma estamos sendo subjetivadas por esses discursos em torno do corpo e da sexualidade, permeados por um constante e crescente processo de erotização da sociedade e, em especial, dos corpos femininos.

O encantamento adulto pela infância

A história da humanidade, nos seus mais diversos países e culturas, está repleta de situações sexuais envolvendo adultos - em geral homens mais velhos - e crianças, como apontei anteriormente. Tais práticas, que sinalizam uma espécie de culto à infância e à juventude, tem ganhado cada vez mais espaço nas sociedades ocidentais, tornando-se, inclusive, uma fonte rentável de mercado. A partir da década de 60 do século XX a oferta de produtos ligados à prática sexual envolvendo menores cresceu com enorme rapidez. Já na década seguinte, aproximadamente 300 mil jovens com menos de 16 anos participavam do comércio da pornografia só nos EUA, conforme apontou a reportagem da revista *Super Interessante* (2002)[7]. Países como Sri Lanka, Filipinas, República Checa e Brasil arrecadam milhões com o turismo sexual de crianças. Em alguns países asiáticos, meninas têm sua virgindade leiloada em locais freqüenta-

---

7. Segundo artigo da *Revista Super Interessante*, intitulado "Infância Roubada" (maio/2002, p. 39-46), em 1977 havia no mercado editorial americano mais de 250 publicações envolvendo nudez de crianças, além de filmes em que havia a participação de menores. Em um dos programas de busca da *web*, se digitarmos *teen nude*, encontraremos mais de 500 mil *sites* que comercializam o erotismo infantil.

dos por pedófilos. Tais práticas evidenciam um fascínio dos adultos pelas crianças na sua mais completa radicalidade. Esse encantamento tem alimentado inúmeros romances, filmes, minisséries, novelas e músicas.

Na literatura, um livro escrito por Vladimir Nabokov em 1955, e depois transformado em filme, tornou-se célebre ao contar a história de um padrasto que se encantou por sua jovem enteada. A menina, apelidada de Lolita, acabou se transformando numa designação para meninas que exerciam/exercem atração sobre os homens mais velhos. A partir daí, a palavra "ninfeta"[8] passou a designar as meninas que tinham esse poder de sedução sobre os homens.

No Brasil, a obra de Nelson Rodrigues está repleta de situações semelhantes, envolvendo a temática do incesto e o encantamento por jovens garotas. Músicas de todas as épocas e estilos, poesias, crônicas[9], em alguma medida, também exaltam este fascínio pelas meninas, vistas e representadas como um misto de ingenuidade e sedução (Walkerdine, 1998). O corpo jovem é proclamado como algo a ser desejado, perseguido, minuciosamente investido. No entanto, como afirma Guacira Louro, a escolha do objeto sexual também se constrói socialmente, pois, segundo ela, "a 'direção do interesse erótico' seria construída a partir das muitas possibilidades de vivência da sexualidade, na dependência das histórias pessoais e subjetivas, dos significados culturalmente atribuídos a essas possibilidades" (Louro, 2000: 65-66).

Não se trata, portanto, de afirmar a existência de uma "natureza" ou "essência" que conduza a este tipo de comportamento

---

8. Segundo Camphausen (2001), as ninfas (do grego *nymphae*) simbolizavam o gozo sexual feminino. Antigamente eram vistas como belos espíritos da natureza que viviam em árvores, nos cursos de água, montanhas, etc. No entanto, a palavra "nínfica" significa também "demoníaca".

9. Ver, por exemplo, a crônica de Vinícius de Moraes (1966), intitulada "Para uma menina com uma flor".

(ou preferência) pela juventude, mas ressaltar o quanto há de investimento, nas mais diversas sociedades e épocas, para que tal comportamento se efetive como uma prática comum. As representações sobre sexualidade, corpo e gênero veiculadas em especial pela mídia têm subjetivado não só adultos, homens e mulheres, mas também têm trabalhado minuciosamente para a formação das identidades infantis e juvenis nos nossos dias. Tais reflexões, no entanto, não devem reafirmar uma espécie de pânico moral e até mesmo um certo saudosismo em relação à uma infância ingênua e terna de tempos atrás, mas talvez devamos olhar com mais atenção para nossas próprias contradições e nos perguntarmos: afinal, quem é mesmo pedófilo?

Referências bibliográficas

BUJES, Maria Isabel E. (2003). *Infância e maquinarias*. Rio de Janeiro: DP&A.

CAMPHAUSEN, Rufus (2001). *Diccionario de la Sexualidad Sagrada*. Barcelona: José de Olañeta.

CORAZZA, Sandra Mara (2002). *Infância e educação – Era uma vez... quer que conte outra vez?* Petrópolis: Vozes.

DEL PRIORE, Mary (2000). *Corpo a corpo com a mulher – Pequena história do corpo feminino no Brasil*. São Paulo: Senec.

FERREIRA, Aurélio Buarque de Hollanda (1999). *Novo Aurélio século XXI*. Rio de Janeiro: Nova Fronteira.

FOUCAULT, M. (1992). *Microfísica do poder*. Rio de Janeiro: Graal.

— (1993). *História da sexualidade – 1: A vontade de saber*. Rio de Janeiro: Graal.

LANDINI, Tatiana Savóia (2000). *Pornografia infantil na Internet: proliferação e visibilidade*. São Paulo, FFLCH/USP [Dissertação de mestrado].

— (2003). Pedofilia: essa (des)conhecida. *Sexualidade, gênero e sociedade*, ano X, n. 18, jan.

LOURO, Guacira (2000). Corpo, escola e identidade. *Educação & Realidade*, v. 25, jul.-dez., p. 59-76. Porto Alegre [s.e.].

MORAES, Vinícius (1966). *Para uma menina com uma flor*. Rio de Janeiro: Ed. do Autor.

MOTT, Luiz (1989). Cupido na sala de aula - Pedofilia e pederastia no Brasil Antigo. *Cadernos de Pesquisa*, 69, mai, p. 32-39. São Paulo [s.e.].

NECKEL, Jane Felipe (1998/1999). Construindo identidades sexuais na Educação Infantil. *Páteo*, 7, p. 56-58. Porto Alegre [s.e.].

— (1999). Entre tias e tiazinhas - Pedagogias culturais em circulação. *In*: SILVA, L.H. (org.). *Século XXI: Qual conhecimento? Qual currículo?* Petrópolis: Vozes.

— (2002). *"Cachorras", "tigrões" e outros "bichos" - Problematizando gênero e sexualidade no contexto escolar*. Alvorada: Secr. Mun. de Educação.

POSTMAN, Neil (1999). *O desaparecimento da infância*. Rio de Janeiro: Graphia.

SANT'ANNA, Denise (2000). Descobrir o corpo: uma história sem fim. *Educação & Realidade*, vol. 25, jul.-dez., p. 49-58. Porto Alegre [s.e.].

STEINBERG, Shirley (1997). Kindercultura: a construção da infância pelas grandes corporações. *In*: SILVA, L.H. *et al.* (org.). *Identidade social e a construção do conhecimento*. Porto Alegre, PMPA, p. 98-145.

UNESCO (1999). *Inocência em perigo: abuso sexual de crianças, pornografia infantil e pedofilia na Internet*. Unesco/Garamond [s.l.].

WALKERDINE, Valerie (1998). *Daddy's girl: young girls and popular culture*. Harvard University Press [s.l.].

— (1999). A cultura popular e a erotização das garotinhas. *Educação & Realidade*, 24, jul.-dez., p. 75-88 [s.n.t.].

WEEKS, Jeffrey (1999). O corpo e a sexualidade. *In*: LOURO, Guacira (org.). *O corpo educado - Pedagogias da sexualidade*. Belo Horizonte: Autêntica, p. 35-82.

5

Educação sexual: possibilidades didáticas

No ano seguinte ao da aprovação da última LDB (Lei 9394/96) o Ministério da Educação e do Desporto lançou os PCN (Parâmetros Curriculares Nacionais) para o Ensino Fundamental e Médio. O então Ministro Paulo Renato de Souza, na apresentação do documento, se dirigiu aos professores e professoras enfatizando o objetivo do novo documento (o de auxiliar na execução do trabalho docente) e reconheceu que só se exerce a cidadania plena tendo acesso "[...] aos recursos culturais relevantes [...] [ou seja,] tanto os domínios do saber tradicionalmente presentes no trabalho escolar, quanto as preocupações contemporâneas com o 'meio ambiente', com a 'saúde', com a 'sexualidade' e com as 'questões éticas' relativas à 'igualdade de direitos, à dignidade' do ser humano e à 'solidariedade' [...]" (Brasil, 1997a: 5 - Grifos meus).

Parece-me que esta afirmação, ao enfatizar a importância da escola em abordar "os recursos culturais relevantes", diz o óbvio, especialmente se considerarmos as exigências do contexto social atual e as expectativas frente à educação brasileira, para um Terceiro Milênio. Neste cenário, o processo de inclusão, nos currículos escolares, de temas como a sexualidade (por exemplo) é decorrente de inúmeras demandas, além da determinação governamental. Destaco o próprio apelo de crianças e adolescentes para discussão da temática, a insistente veiculação midiática (sobretudo na TV), a admitida omissão familiar, as constantes políticas de saúde pública de HIV/Aids, as iniciativas (cada vez mais comuns) de professoras e professores no âmbito da escola formal.

Na história da educação brasileira, sobretudo nos últimos trinta anos, percebemos que a agenda pedagógica mais crítica alternou as discussões sobre o papel da educação formal, em momentos distintos. Ao questionar a premissa da importância da escola "na transmissão dos conhecimentos sistematizados, historicamente, pela humanidade" abalou a onipotência da ciência normal e incluiu na agenda a multiplicidade cultural, os saberes populares advindos de movimentos sociais (do feminismo, do movimento de *gays* e lésbicas, dos negros, dos movimentos ecológicos) e os saberes advindos das experiências subjetivas dos sujeitos. Nos anos de 1980 prevaleceu a tônica por uma "pedagogia libertadora" que possibilitasse "o desenvolvimento integral da criança"; os anos de 1990, definitivamente, "transformam" a criança como "sujeito de direitos"[1], cabendo à escola proporcionar-lhe não apenas o "desenvolvimento para vivência de uma cidadania plena", mas a minimização da exclusão social. A inclusão curricular dos chamados "recursos culturais relevantes" veio de encontro a esta necessidade.

Neste artigo pretendo problematizar o trabalho escolar de discussão das sexualidades e dos gêneros a partir da educação sexual com crianças do Ensino Fundamental. A idéia de educação sexual que norteará as discussões, a seguir, considera a sexualidade como aspecto intrínseco aos seres humanos, em todas as épocas de suas vidas. Neste sentido, independente de se falar em "desenvolvimento integral" ou em "cidadania plena", a inclusão desses conteúdos, explicitamente nos currículos esco-

1. Os anos de 1990 marcam o início de campanhas mundiais, organizadas pela Unicef/ONU, que discutiram o trabalho infantil, a prostituição e o turismo sexual de crianças e adolescentes, a contaminação vertical pelo HIV, o abuso sexual e a pedofilia. No Brasil, o ECA (Estatuto da Criança e do Adolescente) instituiu os Conselhos Tutelares.

lares atuais, a partir do ensino fundamental, já vem com um atraso de amplitude igual ao da própria educação formal. As escolas que não proporcionam a educação sexual a seus alunos e alunas estão educando-os parcialmente.

Quando falo de educação sexual não me refiro a atividades pontuais e descontínuas. A interrupção ou suspensão desses momentos escolares, além de desmotivar as crianças e jovens e de lhes causar a sensação de fraude pedagógica (quer pela "incapacidade" docente, quer pela falta de incentivo ou apoio institucional, quer por receios em abordar o tema) pode dificultar a reflexão dos participantes, sobretudo quando se questiona a clássica crítica, tão comum a esses trabalhos – "que não mudam comportamentos". Neste sentido, entendo as atividades pontuais[2] não como "o" processo (em si) de educação sexual, mas como uma entre outras estratégias didáticas.

Insisto que a educação sexual, em qualquer nível de ensino, deve se caracterizar pela continuidade. Uma continuidade baseada em princípios claros de um processo permanente – porque o bombardeamento midiático de informações recebidas por crianças e jovens é permanente... porque as situações de exclusão social, decorrentes do sexismo e da homofobia, são constantes... porque as representações hegemônicas que hierarquizam as diferenças estão permanentemente sendo fixadas mesmo com permanentes resistências... porque a subjetivação da sexualidade (que talvez tenha um papel maior do que, até então, temos considerado nessa dinâmica de mudança comportamental) está sendo permanentemente posta em questão pelos aparatos discursivos de uma cultura e precisa ter o contraponto reflexivo de uma educação sexual sistemática, corajosa, honesta e politicamente interessada com a crítica desses modelos de desigual-

---

2. Atividades pontuais são aquelas, por exemplo, do tipo oficinas ou eventos em datas comemorativas (Dia Internacional da Mulher: 8 de março; Dia Mundial de Solidariedade aos Portadores de HIV: 1º de dezembro; Dia Internacional do Orgulho *Gay*: 28 de junho), que não garantem continuidade aos encontros e discussões.

dade sexual, de gênero, de etnia, de raça, de geração, de classe, de religião, etc.

Guacira Lopes Louro (1999: 80-81) chama a atenção para a comum e equivocada forma com que educadores(as) encaram a discussão da sexualidade. Muitos pensam que "[...] se deixarem de tratar desses 'problemas' a sexualidade ficará fora da escola. É indispensável que reconheçamos que *a escola não apenas reproduz ou reflete* as concepções de gênero e sexualidade que circulam na sociedade, mas que *ela própria as produz*" (grifos meus).

Portanto, penso que o principal papel da educação sexual é, primeiramente, desestabilizar as "verdades únicas", os restritos modelos hegemônicos da sexualidade normal, mostrando o jogo de poder e de interesses envolvidos na intencionalidade de sua construção; e, depois, apresentar as várias possibilidades sexuais presentes no social, na cultura e na política da vida humana, problematizando o modo como são significadas e como produzem seus efeitos sobre a existência das pessoas.

As armadilhas da linguagem

Concordo com Guacira Louro (1999) que as diferenças (que hierarquizam os sujeitos) estão, constantemente, sendo produzidas no meio social, através de processos lingüísticos e discursivos, num campo que é político, uma vez que nele estão implicadas relações de poder. Na escola, o currículo, as disciplinas, as normas regimentais, as formas de avaliação, os materiais didáticos, a linguagem, constituem-se em instâncias que refletem e produzem as desigualdades de gênero, de sexo, de raça, etc., e podem incentivar o preconceito, a discriminação, o sexismo.

Priorizarei problematizar a linguagem, por considerá-la fundamental no processo de desconstrução da normalidade, através do ato de colocar em questão a diferença que ela institui e por considerar que as regras lingüísticas são criadas num contexto histórico de poder e, dessa forma, podem ser modificadas. O que vou discutir, a seguir, assume o caráter de princípios gerais para a educação sexual em qualquer nível de ensino, inclusive em todos os modelos de cursos de formação de professoras(es).

"O homem..."

Não é nenhuma novidade que a forma de linguagem hegemônica normatizou o tratamento masculino como forma genérica para se referir a homens e mulheres. Para Guacira Louro, "a linguagem institui e demarca os lugares dos gêneros não apenas pelo ocultamento do feminino, e sim, também, pelas diferenciadas adjetivações que são atribuídas aos sujeitos" (1999: 67), por exemplo, a menina é carinhosa, delicada, meiga e o menino é durão, corajoso, forte. Outra forma de a linguagem atuar demarcando desiguais diferenças é "pelo uso (ou não) do diminutivo" (menininha, bonequinha, princesinha) e o aumentativo para os meninos (garotão, meninão, filhão)... ou ainda "pela escolha dos verbos" (o menino é educado para trabalhar, a menina para maternar). Guacira destaca como a linguagem promove associações e analogias, feitas entre determinadas qualidades, atributos ou comportamentos aos gêneros (do mesmo modo como utiliza esses mecanismos em relação às raças, etnias, classes, sexualidades, etc.).

Portanto, a escolha das palavras, por nós educadores(as), não é um processo neutro, sem implicações. Referir-se a meninos e meninas ou a homens e mulheres, sempre na forma masculina, independente da proporção numérica, longe de parecer um ato inofensivo – aprisionado na comodidade da norma instituída – favorece a manutenção de uma tácita "superioridade" de um gênero sobre o outro e inviabiliza a menina, a garota, a mulher, a idosa. Além disso, pode tornar imprecisa ou confusa a compreensão de determinada idéia ou informação, por exemplo, em frases do tipo "estão concluídos os estudos de mapeamento do genoma do homem", "o homem é o principal responsável pela destruição do meio ambiente", "pesquisa recente mostrou que 20% dos adolescentes usam métodos anticoncepcionais".

A linguagem no masculino não é um "reflexo do real"; é uma criação lingüística intencionalmente política. A escolha de "homem" - no latim *homo* - serviu para denominar a única espécie do planeta (*Homo sapiens*), que tem sapiência, que raciocina, que possui inteligência, e por conseguinte, definiu, também, seu substantivo (humanidade). Foi em 1152 (séc. XII) que uma obra lexicográfica incluiu em sua nominata, pela primeira vez, a palavra "homem"; enquanto "humanidade" data do século XIV[3]. Penso que nessa época, se o mundo já tivesse sido sacudido pelas críticas sexistas feitas pelo movimento feminista, ou se já tivesse considerado as problematizações advindas dos estudos sobre a mulher e dos estudos de gênero sobre a construção dos sistemas de subordinação social e de classificação hierárquica desigual impostas pelo patriarcado, pelo machismo, pelo capitalismo, pelos sistemas de segregação racial, etc., se já tivessem sido feitos estudos literários, lingüísticos e semânticos sobre as representações e significados contidos nas palavras em vez de usar como referência a palavra "homem" para designar a espécie, talvez a referência fosse a palavra "pessoa", que em latim é *persona*.

A história e nosso discernimento sobre a questão, provavelmente, seriam outros. Os livros de biologia, arqueologia, antropologia talvez tivessem apresentado a história evolutiva da espécie na sucessão entre *persona habilis*, *persona erectus* e *persona sapiens* e hoje, no mínimo após 851 anos (de 1152 até 2003), estaríamos convictos e familiarizados com essa nomenclatura, tanto quanto hoje nos parece familiar usar "homem" para designar homens e mulheres.

Portanto, sugiro que educadoras e educadores, na forma verbal ou escrita, em qualquer nível de ensino, evitem o tratamento

3. No *Dicionário Eletrônico Houaiss*. Do lat. *Homo, homìnis* (plural), significa "homem, indivíduo, ser humano". Encontrado em registro literário, pela primeira vez, em 1152, conforme José Pedro Machado. *Dicionário Etimológico da Língua Portuguesa*. Lisboa [1. ed.: 2 vol., 1952-1959; 2. ed.: 3 vol., 1967-1973; 3. ed.: 5 vol., 1977]. Também do latim, *humanìtas, humanitátis* (plural), significa "humanidade, condição e natureza do ser humano, civilidade", registrada no século XIV.

exclusivo no masculino, bem como atentem para a linguagem presente nos livros didáticos que costumeiramente o fazem[4]. Há muitas alternativas para se evitar usar "homem"... sugiro, "as pessoas" ou, simplesmente, "os homens e as mulheres", "as meninas e os meninos", "os professores e as professoras". E como mudar o nome da espécie parece ser o mais difícil, é possível usar também a espécie humana ou a humanidade.

"Meninos têm pênis... meninas têm vagina"?

Talvez essa seja a frase mais comumente dita na educação sexual infantil. Refiro-me, sobretudo, à indiscutível certeza que carrega a frase e a familiaridade com que muitos educadores e educadoras se utilizam dela para mostrar como meninos e meninas são diferentes. É uma afirmação, indiscutivelmente, presente em vários livros de educação infantil e usada quando se pretende distinguir, através de uma parte do corpo, meninos de meninas. Sob este ponto de vista a frase está errada.

Se o objetivo é a diferenciação entre meninos/homens e meninas/mulheres, devemos dizer: "Meninos têm pênis... meninas têm vulva"! Mas, por que as pessoas se referem à vagina? Por que se fala de uma parte do corpo da mulher que é interna, que não é visível, que não pode ser vista, exatamente quando o que as crianças "querem ver/entender" é a diferença anatômica? Por que a vagina assume toda essa importância?

Arrisco dizer que a frase está dentro da lógica de uma sexualidade reprodutiva, que privilegia o ato sexual entre um homem e uma mulher e que concebe apenas a penetração vaginal como prática sexual. Não estou dizendo que a sexualidade reproduti-

---

4. Certa vez, fui surpreendida quando analisava uma coleção de livros didáticos de ciências, para as séries iniciais do Ensino Fundamental (Barros, 1995), e percebi os títulos dos assuntos: "O organismo do homem" (p. 40); "O homem e o ambiente" (p. 78) e "O homem e a combustão, o magnetismo e a eletricidade" (p. 108). Aqui está um bom exemplo de situação onde os(as) professores(as) devem intervir na linguagem escrita.

va, a heterossexualidade e a penetração vaginal não sejam aspectos legítimos da sexualidade humana. Elas são; e são, sem dúvida, as possibilidades, privilegiadamente, hegemônicas de nossa cultura. No entanto, não são as únicas possibilidades. A frase "Meninos têm pênis... meninas têm vagina", além de inadequada, acaba efetuando uma apologia à sexualidade reprodutiva em detrimento de outras formas de vivência sexual, da mesma forma que direciona a educação sexual infantil, posterior a isso, às comuns perguntas sobre ato sexual, gravidez, parto, nascimento, família.

Essa ênfase na reprodução é a principal responsável pelo raciocínio de aceitar (como possível, como normal, como "natural"), exclusivamente o envolvimento sexual e afetivo entre pessoas do sexo oposto. Além disso, traz outras implicações e limitações: 1) legitima apenas a vida sexual daquelas pessoas que estão no período reprodutivo, ou seja, na adolescência e na vida adulta, e desconsidera a possibilidade de vivência da sexualidade na infância e na terceira idade[5]; 2) legitima a prática sexual com penetração vaginal como, indiscutivelmente, "a única" e "a melhor", favorecendo o preconceito a outras práticas sexuais e a masturbação; 3) acentua a incompreensão da possibilidade de pessoas do mesmo sexo estabelecerem relacionamentos afetivos e sexuais; 4) dificulta o entendimento e a aceitação de uma sexualidade objetivando o prazer, sem a intencionalidade de filhos; 5) engessa a idéia de família como sendo aquela que, necessariamente, é constituída de um homem, uma mulher e filhos (uma concepção que acaba escravizando o casal na obrigatoriedade de ter filhos, subtraindo-lhes o direito da maternidade e da paternidade como escolhas)[6].

---

5. A negação da existência de manifestações da sexualidade na infância tem sido usada para acentuar o disciplinamento sexual sobre crianças e pré-adolescentes e tem tornado os curso de formação de professoras(es) cada vez mais distantes desses conteúdos, o que torna cada vez mais urgente a necessidade de substituir essa visão restrita do enfoque reprodutivo.

6. Para melhor embasamento dessas questões, consultar o referencial Furlani, 2003.

Essa forma de ver a sexualidade me remete a outra implicação, em especial, as atitudes de educadoras e educadores sexuais frente à discussão da sexualidade na escola, sobretudo o modo de "olhar" e intervir sobre o livro didático.

"O aparelho ou sistema reprodutor"

Ampliar a visão das crianças e jovens para a inclusão curricular de uma sexualidade mais múltipla e possível passa por desconstruir a idéia de uma norma sexual atrelada a uma vida reprodutiva. Neste sentido, chamo a atenção para os livros didáticos que, ao tratar o corpo humano, remetem ao "aparelho ou sistema reprodutor". Sugiro a utilização do termo "aparelho ou sistema sexual" que possibilita a professora ou o professor explicar, discutir, relativizar, ampliar o sentido (e as implicações) do "sexual". Essa escolha na forma da linguagem estaria politicamente interessada em um entendimento mais amplo de sexualidade e de vida sexual, e entende os órgãos sexuais, as estruturas internas e externas, os processos de maturação orgânica, a relação que cada um/uma de nós estabelece com o corpo, como algo que perpassa toda a vida e não apenas o período reprodutivo. Optar em falar "sexual" – e não "reprodutor" – implica conceber a sexualidade numa dimensão prazerosa (de gratificação sentimental e física), onde a procriação deve ser uma conseqüência e um direito de escolha.

Nem todas "as famílias" são como a minha!

Dentro dessa estratégia, de apresentar, de discutir e de compreender a sexualidade humana como mais múltipla e possível do que os modelos hegemônicos da normalidade que nos foram ensinados e que conhecemos, sugiro uma atividade com as crianças sobre as diversas formas de organização familiar, hoje, vistas em nossa sociedade. Assim, a linguagem adotada pela educação sexual pode, sempre que possível, ser feita no plural (as sexualidades, as formas de masculinidades, as mulheres, os homens, as diversas expressões da sexualidade, etc.).

Claudia Fonseca (2002) afirma que descobertas científicas no século XX, como a pílula anticoncepcional, a fertilização *in vitro*, a "barriga de aluguel", os exames de DNA para paternidade duvidosa, contribuíram para o estabelecimento, hoje, de várias "estruturas familiares", no Ocidente. Quando as "rígidas convenções morais foram cedendo a valores recentes, centrados na auto-realização e satisfação emocional, as relações conjugais [...] tornaram-se abertas à negociação" (p. 271) possibilitando o surgimento da "família pós-moderna", caracterizada pela pluralidade de conformações.

Nas famílias contemporâneas, destacam-se também aquelas constituídas entre pessoas do mesmo sexo, favorecidas, principalmente, pelo contexto emergente de visibilidade, nacional e mundial, da homossexualidade, nos últimos anos. Para a autora, "[...] parceiros do mesmo sexo ganharam um espaço importante; se a afeição é a verdadeira base do relacionamento, por que o casal seria limitado a um relacionamento heterossexual centrado em torno da reprodução biológica?" (*idem*: 272).

Uma possibilidade de atividade com as crianças, que sugiro para discutir o conceito de "famílias", pode ser feita a partir de ilustrações retiradas de revistas de circulação nacional ou de livros (para)didáticos infantis[7]. Cada criança recebe uma folha com desenhos ou gravuras de diferentes "famílias" e num quadrante em branco deve ser incentivada a desenhar a sua família. A(o) professora(or) deve conduzir a apresentação do desenho de cada um e discutir as diferentes famílias apresentadas, bem como as apresentadas nos desenhos, enfatizando a multiplicidade, sem qualificações ou hierarquias.

---

7. O título dessa atividade pode ser "Nem todas as famílias são como a minha" e as ilustrações, entregues às crianças, podem se basear no referencial Candia *et al.* (1996: 10-11).

Numa educação sexual que busca problematizar a exclusão de diferentes identidades, é preciso incluir na discussão outras formas familiares, mesmo que elas não apareçam espontaneamente na fala das crianças. Por exemplo, mencionar as famílias onde a(o) "chefe" – ou pessoa de referência – não é um homem; famílias com mulheres (e/ou homens) solteiras(os) com filhos(as); famílias com filhas(os) agregadas(os) de diferentes casamentos; famílias com filhos(as) adotados(as); famílias constituídas por mulheres ou homens homossexuais com filhas(os) legítimos(as) ou filhos(as) adotados(as); famílias onde os avôs e as avós moram junto, etc.

A educação sexual como tema transversal

Nos Parâmetros Curriculares Nacionais, o tema transversal responsável pela discussão da sexualidade está no vol. 10 entre as p. 105 e 154. Na p. 138, o documento apresenta os blocos de conteúdos baseados em três eixos temáticos: 1) corpo: matriz da sexualidade, 2) relações de gênero e 3) prevenção às doenças sexualmente transmissíveis/Aids. As duas sugestões que apresento de atividades, a seguir, são referentes, respectivamente, dos dois primeiros eixos temáticos dos PCNs e podem e devem ser modificadas e adequadas pelos(as) professores(as) em seus trabalhos.

"O corpo: matriz da sexualidade"

Esta atividade pode ser feita nas primeiras séries do Ensino Fundamental e pode ser chamada de "O nosso corpo... muitas semelhanças e algumas diferenças". Para ela é preciso: argila, água, plástico para forrar as mesas, tintas guache, pincéis.

As crianças deverão ser divididas em duplas (de preferência mistas, para proporcionar a convivência); cada dupla deverá esculpir um menino e uma menina, ambos nus, onde as partes do corpo deverão ser feitas de argila (tridimensionais e não desenhadas); após secar, poderão pintar os bonecos. Deixar que a escolha das cores seja espontânea. Discutir os modelos, os termos e nomes dados às partes do corpo (confrontando com a terminologia científica). Discutir a presença dos pêlos pubianos (localização, fase da vida, implicações com higiene – sudorese, banhos, uso de desodorantes).

O importante é tornar a discussão da sexualidade algo tranqüilo, comum. Para isso é necessário criar o hábito de discutir a temática. Este tipo de atividade pode ser uma forma de iniciar a educação sexual com a turma. Os trabalhos de argila possibilitam discutir a multiplicidade corporal (formas e tamanhos), bem como os mitos e representações culturais relacionados ao corpo de homens e mulheres. As constatações das diferenças familiares, na nominação do pênis e da vulva, devem favorecer a compreensão da pluralidade cultural. Também devem se incentivar um clima de respeito e ajuda mútua, entre meninos e meninas, no trabalho de duplas. Antecipar conhecimentos corporais que serão experimentados durantes a puberdade.

"Relações de gênero"

O que consideramos de maior valor numa pessoa? Que qualidades procuramos num amigo ou numa amiga? Este jogo intenciona desconstruir padrões rígidos e fixos que associam, preconceituosamente, a sexualidade com o caráter das pessoas, sobretudo mostrando que o atrelamento de certas práticas sexuais não hegemônicas com valores considerados socialmente negativos são arbitrárias e revelam o jogo de poder disciplinador de uma sociedade normatizante. O mesmo raciocínio serve em relação ao gênero, à classe, à raça...

Essa discussão também possibilita a ampliação do vocabulário das crianças ou jovens, o que possibilita a interdisciplinaridade com as aulas de português, da mesma forma que pode ser aplicada num contexto de discussão de desigualdades sociais, numa discussão política em aulas de história. O número de palavras pode ser reduzido ou aumentado, dependendo da série. Sugiro não enfatizar a linguagem em gênero, por exemplo, "honesto ou desonesto", "caridoso ou egoísta", pois poderia reforçar a tendência ao masculino, p. ex., e o adjetivo ser associado ao gênero em questão. O jogo deve enfatizar que estes valores podem estar presentes em homens ou mulheres, independente da idade, da raça ou etnia, da classe social, do gênero, da nacionalidade ou da vivência da sexualidade.

Cada palavra deve ser feita em um cartaz separado e todos os cartazes devem ser apresentados, de uma só vez, ao grupo. Num primeiro momento, se deve compreender os significados das palavras e agrupar os antônimos[8]. Num segundo momento, todos(as) devem escolher as qualidades consideradas importantes para convivência em sociedade.

Honestidade	Confiança	Perseverança	Delicadeza	Respeito
Amizade	Pontualidade	Sinceridade	Lealdade	Desconfiança
Deslealdade	Brutalidade	Caridade	Tolerância	Indiferença
Arrogância	Intolerância	Desonestidade	Indiscrição	Egoísmo
Falsidade	Discrição	Simplicidade	Desrespeito	Inconstância
Negligência	Humildade	Responsabilidade	Atraso	Orgulho

A seguir, parte-se para o segundo momento da atividade: a(o) professora(or) deve apresentar figuras, previamente reunidas,

---

8. A forma correta de agrupamento dos antônimos, na concepção original do jogo, é: honestidade e desonestidade, simplicidade e arrogância, respeito e desrespeito, caridade (altruísmo) e egoísmo, lealdade e deslealdade, tolerância e intolerância, sinceridade ou falsidade, delicadeza ou brutalidade, perseverança ou inconstância, humildade ou orgulho, discrição ou indiscrição, amizade ou indiferença, confiança ou desconfiança, pontualidade ou atraso, responsabilidade ou negligência. Lembro que, dependendo de cada grupo de crianças ou de jovens, o número de palavras deve ser reduzido ou aumentado.

coletadas de revistas, onde várias pessoas sejam representadas: crianças meninos e meninas (brancas e negras), adultos mulheres e homens (brancos e negros), pessoas idosas, casais adultos (homem e mulher, dois homens, duas mulheres), pessoas indígenas, pessoas pobres, classes média e rica, pessoas de outra nacionalidade, diferentes religiões, etc. As representações negativas que eventualmente surjam atreladas a cada condição devem ser questionadas.

Para esta reflexão, considero útil problematizar os Objetivos do Ensino Fundamental, descritos no volume 10, dos Temas Transversais dos PCNs (1997). Destaco o item 1 que diz "possibilitar aos alunos o *respeito* à diversidade de valores e comportamentos relativos à sexualidade" e resgato as implicações na postura de "respeitar a diversidade" (p. 7).

Para Tomaz Tadeu da Silva (2000), as discussões sobre multiculturalismo e a necessidade de respeitá-lo surgiram no âmbito da escola norte-americana, nos últimos anos, em função da crítica de "grupos culturais subordinados" (mulheres, negros/negras, homens e mulheres homossexuais - *gays* e lésbicas). Estes grupos veementemente apontaram o currículo escolar como local de expressão do privilégio da cultura branca, masculina, européia, heterossexual. Para este autor, no âmbito teórico, hoje, é possível reconhecer a existência de duas perspectivas multiculturais: uma liberal (ou humanista) e outra crítica. Ambas concordam que os currículos escolares de todos os níveis de ensino deveriam "incluir uma amostra que fosse mais representativa das contribuições das diversas culturas subordinadas" (p. 88). No entanto, se para a perspectiva liberal (ou humanista) tolerância, respeito e convivência harmônica entre diferentes culturas devem ser enfatizados no currículo, para a perspectiva crítica, esse tipo de postura manteria as relações de poder, que alicerçam os processos de criação da diferença, intocáveis, intactas.

> Apesar de seu impulso aparentemente generoso, a idéia de tolerância, p. ex., implica também uma certa superioridade por parte de quem mostra "tolerância".

> [...] A noção de respeito implica um certo essencialismo cultural, pelo qual as diferenças culturais são vistas como fixas, como já definitivamente estabelecidas, restando apenas "respeitá-las" (Silva, 2000: 88).

Se considerarmos que as diferenças são produzidas por relações de poder e que a condição de subordinação de certa identidade está diretamente relacionada à sua construída representação negativa (em contingências históricas específicas, ligadas a certos interesses e decorrentes do jogo de forças presentes em sua produção), os trabalhos de educação sexual - sobretudo eles - em vez de "respeitar" a diferença do outro, deveriam insistir "numa análise dos processos pelos quais as diferenças são produzidas através de relações de assimetria e desigualdade. [...] a diferença, mais do que tolerada ou respeitada, deve ser colocada permanentemente em questão" (Silva, 2000: 89).

O contexto social não apenas define as representações hegemônicas mas, a partir delas, estabelece a diferença, a hierarquia, a qualificação valorativa das identidades. A educação sexual precisa discutir como as marcas identitárias, atribuídas aos sujeitos, tornam alguns mais (ou menos) subordinados aos mecanismos de exclusão, sexismo, homofobia, discriminação e preconceito.

Referências bibliográficas

BARROS, Carlos (1995). *Ciências*. São Paulo: Ática [Coleção Quero Aprender, 4].

BRASIL/Secretaria da Educação Fundamental (1997a). *Parâmetros Curriculares Nacionais - Vol. 08: Apresentação dos temas transversais e ética*. Brasília: MEC/SEF.

— (1997b). *Parâmetros Curriculares Nacionais - Vol. 10: Pluralidade cultural, orientação sexual*. Brasília: MEC/SEF.

CANDIA, C.M. *et al.* (1996). A minha primeira coleção de iniciação sexual e afetiva. *Nada de confusões*. Vol. 4. Osasco: Impala.

FONSECA, Cláudia (2002). A vingança de Capitu - DNA, escolha e destino na família brasileira contemporânea. *In*: BRUSCHINI, Cristina & UNBEHAUM, Sandra G. (orgs.). *Gênero, democracia e sociedade brasileira*. FCC/Ed. 34 [s.l.].

FURLANI, Jimena (2003). *Mitos e tabus da sexualidade humana – Subsídios ao trabalho em Educação Sexual*. 2. ed. Belo Horizonte: Autêntica.

LOPES, Cida (2001). Coleção Sexo e Sexualidade [s.n.t.].

LOURO, Guacira Lopes (1999). *Sexualidade, gênero e educação – Uma perspectiva pós-estruturalista*. 3. ed. Petrópolis: Vozes.

SILVA, Tomaz Tadeu da (2001). *Documentos de identidade – Uma introdução às teorias do currículo*. Belo Horizonte: Autêntica.

6

Juventude, escola e mídia

Na relação entre mídia e escola, muitas problemáticas podem ser tratadas. Diversas são as mídias que existem, tais como revistas, rádio, cinema e televisão. Esta última, mesmo se abordada enquanto mídia, por sua vez, abre muitas possibilidades de análise, pois

> televisão é um termo muito amplo que se aplica a uma gama imensa de possibilidades de produção, distribuição e consumo de imagens e sons eletrônicos: compreende desde aquilo que ocorre nas grandes redes comerciais, estatais e intermediárias, sejam elas nacionais e internacionais, abertas ou pagas, até o que acontece nas pequenas emissoras locais de baixo alcance, ou o que é produzido por produtores independentes e por grupos de intervenção em canais de acesso público. Para falar de televisão, é preciso definir o *corpus*, ou seja, o conjunto de experiências que definem o que estamos justamente chamando de televisão (Machado, 2000: 20).

Da mesma forma, há muitos tipos de escola (particulares, públicas de periferia, públicas de zonas centrais, religiosas, laicas...) e, conseqüentemente, populações heterogêneas, do ponto de vista das multiplicidades sociais que as habitam.

Com o objetivo de delimitar o objeto de análise, nossa discussão neste capítulo apoiar-se-á em dois *locus* específicos. Por um lado, experiências escolares, tanto trazidas por nossos/as alunos/as dos cursos de graduação, como por uma pesquisa realizada na escola Júlio de Castilhos, o *Julinho*, uma escola pública de ensino médio localizada em uma região central de Porto Alegre. Por outro lado, exemplos da *MTV*, emissora de televisão direcionada a jovens.

A escola *Julinho* abriga uma diversidade de jovens. Há um grande número de jovens oriundos de regiões centrais, como também outros de periferia ou de bairros mais afastados e até mesmo alguns da região metropolitana; em consonância com essa diversidade, as experiências relatadas por alunos/as de graduação revelam realidades distintas e múltiplas do ponto de vista de classe e gênero, por exemplo. Já a *MTV* é uma emissora, com um tom irreverente e ousado, que atinge uma população juvenil ampla. Na sua programação, sintonizada com seu público-alvo, predominam *videoclipes*, entrevistas com artistas e programas sobre comportamentos sociais. É uma emissora segmentada, que delimita seu público-alvo, estabelecendo uma programação toda voltada a ele.

Escolhemos abordar neste trabalho a representação da juventude como problemática, no mundo contemporâneo, e discutir o quanto esta visão de juventude parece estar relacionada aos efeitos da mídia sobre ela. Em relação ao nosso foco, remetemos ao estudo de Bill Green & Chris Bigun (1995). Em um trabalho sobre jovens estudantes, os autores constatam que há expressões de sentimentos de pânico moral nas instituições de ensino em relação aos jovens contemporâneos. Estes estudiosos apontam que tais jovens parecem apresentar novas necessidades e capacidades. São jovens que, entre outras coisas, cresceram imersos numa cultura de mídia. São jovens que parecem produzir, nas escolas, uma incomunicabilidade entre eles/as e seus professores/as. Por isso, parece haver um pânico e um desconhecimento por parte dos professores/as sobre quem são estas pessoas que estão em sala de aula. O reconhecimento desta problemática pelos/as professores/as (ou seja, a idéia de que estão lidando com pessoas diferentes de si), seu estranhamento frente a esses "outros", tem implicado a nomeação de seus/suas alunos/as como inadequados/as. Junto com isso, o estranhamento e as incertezas dos professores/as sobre a juventude retiram desta seu caráter de provisoriedade, excluindo-lhe a idéia de que é uma fase com a qual se convive na certeza de que é passageira e de que a idade adulta irá se instaurar, retomando a "normalidade". O que parece ser intenso é a idéia de que a juventude contemporânea traz mudanças radicais que vieram para ficar.

Por que esse jovem definido por esses autores como estranhos, "alienígenas" representaria uma ameaça para algumas instituições educacionais? As respostas mais imediatas talvez relacionem juventude a características como carências, violências, incomunicabilidade. Essas argumentações se fazem presentes nas falas de alguns/algumas professores/as quando afirmam que "eles/as [jovens] são indisciplinados/as, com famílias desestruturadas, carentes afetivos e intelectuais, violentos, usuários de drogas, desinteressados em relação à escola, irresponsáveis...", ou seja, trata-se de uma demonização da juventude.

Esse tom apocalíptico colocado sobre a juventude contemporânea inspira o trabalho de Green e Bigum (1995: 208), no qual os autores, a partir do que chamam de uma fantasia especulativa, questionam se "existem alienígenas em nossas salas de aula". Esta questão implica o ângulo do qual se olha: quem são os alienígenas – os/as professores/as ou os/as alunos/as? Tal pergunta sugere que, num mesmo local, no caso, a instituição escolar, convivem pessoas que sentem estranhamento e até a impossibilidade de uma comunicação e de um relacionamento mais tranqüilo. Nesse sentido, pode-se afirmar que, algumas vezes, a cultura juvenil parece não ser bem-vinda à escola. As condições culturais em que vivem os jovens, como afirma Henry Giroux (1996), são quase totalmente ignoradas por professores/as. Isso pode nos permitir pensar que as dificuldades de comunicação e de relacionamento acontecem por um desconhecimento e até uma resistência em relação à cultura juvenil e suas conseqüentes transformações no mundo contemporâneo.

Neste trabalho, nosso objetivo é refletir conjuntamente sobre a juventude que vem sendo "produzida" na mídia e suas possíveis relações com o mundo escolar. Sabemos que é uma questão difícil de ser examinada inteiramente, mas talvez seja possível pensar sobre ela a partir de eixos orientadores. Vamos utilizar como eixos a problematização de algumas "verdades" estabelecidas sobre juventude, mídia e escola.

A televisão exerce muita influência sobre os/as jovens

Afirmar que a televisão exerce muita influência sobre os/as jovens é correto, já que a juventude contemporânea nasceu e cresceu imersa na cultura midiática, mais fortemente imersa na cultura televisiva. Os/as professores reconhecem isto e até afirmam que "a televisão é mais interessante que a escola" ou, como afirmou uma orientadora educacional, que "a família teria que tomar alguma posição em relação à Xuxa, porque não adianta a escola discutir prevenção e bons costumes se uma celebridade como a Xuxa assume uma gravidez como 'produção independente' e publicamente". Outras afirmações de professores/as também são ilustrativas: as jovens estão sendo erotizadas precocemente, por modelos de beleza, sucesso e *glamour* veiculados na mídia. As crianças se recusam a participar de atividades que envolvem música e dança se essas não são as mesmas a que elas assistem na televisão. Professores/as de educação física falam da dificuldade em lidar com o "fracasso" dos alunos nas competições esportivas, uma vez que estes não aceitam a derrota. Seus modelos de competidores são sempre os vencedores, os jogadores de futebol de grandes times, ricos, famosos, cortejados pela mídia e por belas mulheres. Porém, queremos problematizar esta visão dos/as professores/as em relação à influência da televisão sobre a juventude. Nosso argumento é que não é produtivo nem apenas constatar essa influência nem, pior ainda, lamentar tal influência. As relações entre TV e escola são bem mais complexas.

Talvez o que seja mais evidente na comparação entre tais instituições sejam suas estratégias bastante distintas: a escola é uma instituição conservadora, no sentido de manter as tradições; e a televisão, por outro lado, busca, mais do que nunca, manter-se em sintonia com o público consumidor. Para ilustrar esta distinção entre as instituições, vamos abordar como exemplo o trato da sexualidade e as formas de investimento nela por esses espaços educativos.

As representações de sexualidade veiculadas pela mídia apontam para a importância que a sexualidade assume no pensamento ocidental. As explicações, as razões usualmente levantadas para estarmos felizes ou não, ajustados ou não, passam pela maneira como estamos vivendo a nossa sexualidade. Junto com a sexualidade, existe uma supervalorização da juventude. Manter-se jovem e bonito é um ideal da nossa sociedade. Phillip Ariès (1986) afirma que este é o século da adolescência. Ele diz que ser jovem não é uma fase, com determinada faixa etária. Ser jovem é um ideal a ser alcançado. "Passamos de uma época sem adolescência a uma época em que a adolescência é a idade favorita. Deseja-se chegar a ela cedo e nela permanecer por muito tempo" (p. 47). Juventude e sexualidade são categorias sociais que a mídia explora como indissociáveis uma da outra e como centrais na nossa vida.

O investimento da mídia em juventude e sexualidade se expressa com rara clareza por meio da *MTV*. A fim de examinar algumas pistas sobre o quanto essa emissora investe em juventude, apresentamos alguns resultados de um levantamento de informações específicas sobre o comportamento juvenil, publicados na edição especial da revista *Veja* de setembro de 2001. As matérias de tal edição foram elaboradas com base em pesquisas de diversas instituições, mas principalmente com base na pesquisa "Dossiê Universo Jovem com jovens das classes A, B e C entre 12 e 30 anos", feita nas cidades de São Paulo, Rio de

Janeiro, Belo Horizonte, Porto Alegre, Salvador e Recife. Esta pesquisa foi realizada pela *MTV* e, de acordo com a Carta ao Leitor da *Veja*, é, "reconhecidamente, o mais completo levantamento já feito sobre a juventude de hoje" (*Veja*, 2001: 7).

O levantamento abarca uma ampla gama de aspectos da vida dos/as jovens brasileiros/as, tais como a convivência de gerações, que inclui relacionamento com os pais, casamentos, ter filhos ou não; as preocupações dos jovens com profissão, escola e sonhos; valores que os/as jovens cultivam sobre religião, virgindade, drogas e Aids; relacionamentos que os fariam mais felizes; o que gostam de consumir e que tecnologias e fontes de informações costumam utilizar, entre outros aspectos. De acordo com as conclusões do Dossiê Universo Jovem, devemos denominar os/as jovens de "Geração Z", cuja nuança é zapear. Isso diz respeito tanto à convivência da juventude em relação à tecnologia – "essa juventude muda de um canal para outro na televisão. Vai da Internet para o telefone, do telefone para o vídeo e retorna novamente à Internet [...] sentem-se à vontade quando ligam ao mesmo tempo a televisão, o rádio, o telefone, música e Internet"; quanto às suas idéias sobre o mundo: "[o jovem] também troca de uma visão de mundo para outra, na vida. [...] Sua maneira de pensar foi influenciada desde o berço pelo mundo complexo e veloz que a tecnologia engendrou. [...] Outra característica essencial dessa geração é o conceito de mundo que possui, desapegado das fronteiras geográficas. Para eles, a globalização não foi um valor adquirido no meio da vida a um custo elevado. Aprenderam a conviver com ela já na infância" (*Veja*, 2001: 15).

De acordo com outras conclusões da pesquisa, a cultura jovem ocidental é uma cultura planetária desde os anos 50, década em que começaram a surgir ícones como James Dean e Elvis Presley. "Depois vieram Beatles, Rolling Stones, Madonna. [...] Fosse brasileiro, americano ou francês, o adolescente se identificava com os mesmos ídolos. Ele pertencia mais a sua faixa etária que a seu país. [...] O que a globalização trouxe de novo a esse cenário foi a velocidade" (Chiari, 2001: 56). Tal pesquisa revela também que apesar de essa geração ser a mais "bem informada de todos os tempos" não consegue utilizar de maneira produtiva o volume de dados que recebe, principalmente em relação à sexualidade (Oliveira, 2001).

Aqui seria interessante enfatizar o quanto a sexualidade é central no levantamento e nos resultados da pesquisa, que aborda desde o uso da camisinha, formas de encontrar parceiros, o que os/as jovens valorizam numa relação sexual até depoimentos como o de Jairo Bouer, psiquiatra e principal consultor da *MTV* em assuntos de sexualidade, que nessa edição específica revela que considera o "ficar" como um aprendizado emocional e sexual dos/das jovens.

A sexualidade também é central nos programas da emissora. Diversos programas com essa temática compõem a programação da *MTV*. Entre eles, o *Fica Comigo*, um programa que busca encontrar parceiros para os jovens, e o *MTV Erótica*, indicado na edição especial *Veja Jovem* como um meio de informação acessado por 63% de garotos/as. Há ainda o *Meninas Veneno*, que tem como tema central a sexualidade e o comportamento das meninas; além disso, a revista *MTV*, *Music Television*, lançada em 2001, dedica várias matérias à sexualidade e à juventude. Isso demonstra o investimento da emissora no seu público-alvo e o quanto o estudo de uma juventude e da sexualidade estão relacionados à cultura da mídia.

Em relação à homossexualidade, tema ainda com muitas restrições no social, ela foi tratada por essa emissora "ao vivo e a cores" no programa *Fica Comigo*. Independente de todas as críticas possíveis ao formato deste programa, evidentemente ele se diferenciou de outras representações de *gays* e lésbicas na televisão brasileira, que usualmente representa tais segmentos de forma ridicularizada e estereotipada.

E a escola como trata a sexualidade? Não é raro encontrar-se professores, orientadores educacionais que se dispõem a tratar da temática da sexualidade no ambiente escolar referindo-se à homossexualidade como "um problema muito delicado com o qual a escola não sabe como agir".

As escolas podem ser um exemplo da reiteração da norma central, pois, de acordo com Guacira Louro (2000), elas norteiam seus currículos e práticas a partir de um padrão único: "haveria apenas um modo adequado, legítimo, normal de masculinidade e de feminilidade e uma única forma sadia e normal de sexualidade, a heterossexualidade; afastar-se deste padrão significa buscar o desvio, sair do centro, tornar-se excêntrico". A escola nega outras sexualidades ou tenta "corrigi-las" (p. 2).

Deborah Britzman (1996) trata essa questão afirmando que a forma como a sexualidade é tratada na escola apóia-se em mitos baseados na "heteronormatividade". A esses mitos, associa-se a ignorância como uma forma de proteção. A idéia é que quanto menos os/as jovens souberem sobre homossexualismo, tanto mais estarão protegidos/as em relação a ele. Ou seja, o não-conhecer pode ser preventivo de decisões consideradas não adequadas ou fora da norma. O que perpassa esse mito é o fato de que as pessoas e as informações simpáticas ao homossexualismo poderiam estar cooptando os/as jovens. Segundo Britzman (1996), isso em certa medida está correto, pois exemplos de comunidades *gays* podem ser interessantes no sentido de relativizar o privilégio da heterossexualidade. Porém, o pressuposto é que o conhecimento e as pessoas são nocivos. Outra associação diz respeito à questão de os/as estudantes serem muito jovens para se definirem sexualmente, o que está relacionado à idéia dos/das jovens como imaturos/as. E, por fim, os mitos associam-se à sexualidade como unicamente de caráter íntimo e privado, não tendo nada a ver com a esfera social.

As representações da sexualidade na juventude e os mitos que perpetuam determinados padrões sexuais resultam na impossibilidade de a escola conviver com diferentes contextos culturais. As representações da sexualidade juvenil propiciam que a juventude seja colocada como fase ideal, na qual a plena satisfação da sexualidade genital é mola-mestra para a realização pessoal. No entanto, essa mesma sexualidade também é muitas vezes considerada sinônimo de delinqüência, tal como apresentado no filme *Kids*, no qual jovens vivem uma sexualidade desenfreada e violenta, mesmo sendo relações heterossexuais. Ou seja, mesmo a heterossexualidade parece ser um ponto de tensão. É Guacira Louro quem aponta tal tensão ao afirmar que a heterossexualidade em nossa sociedade é ao mesmo tempo constantemente reafirmada e contida. Nesse processo, diz a autora, "a escola tem uma tarefa bastante importante e difícil. Ela precisa se equilibrar sobre um fio muito tênue: de um lado, incentivar a sexualidade 'normal' e, de outro, simultaneamente, contê-la" (1999: 26). A autora ainda afirma que, na tentativa de adiar para mais tarde a sexualidade e manter a inocência e a pureza das crianças, a escola trabalha com o silenciamento e a negação da curiosidade e dos saberes infantis e juvenis sobre as identidades e as práticas sexuais.

O que está fora da escola é mais interessante do que ela

A escola é um espaço de relações sociais e não somente um espaço cognitivo. As relações sociais referem-se ao fato de a escola ser tanto um local de encontro entre jovens, quanto um local que tem relações com a mídia e outros espaços culturais. Um aspecto importante é pensar que são nesses espaços educativos, culturais e de lazer dos estudantes que transparece a posição que a juventude ocupa hoje na cultura.

Uma questão que se refere ao que está fora da escola é: qual a relação da escola com outros locais sociais e culturais? Esta relação, em alguma medida, já é estabelecida quando os/as professores/as expressam que outros lugares são mais interessantes do que a escola. Vários autores/as têm focalizado este tema e, entre eles, Shirley Steinberg (1997) e Bill Green & Chris Bigun (1995). Afirmam tais autores que as escolas não podem ignorar os efeitos produzidos pela mídia ou pelas cadeias de *fast food* como McDonald's. Esses outros locais "pedagógicos" são, segundo

Steinberg (1997), um espaço onde o poder se organiza e se exercita. Isso significa muito mais do que dizer que os/as professores/as devem levar em conta a vida cotidiana dos alunos, porque os alunos/as a trazem para dentro da sala de aula. São espaços que produzem significados a respeito de família, de sexualidade, de gênero, de raça, de justiça, de consumo, entre tantos outros, que interagem com os indivíduos. Esses significados normatizam e fixam as diversas instâncias da vida social produzindo sujeitos e suas identidades. Ver criticamente esses locais, na perspectiva desses autores, não implica desvelar sua ideologia e colocar outra “verdade” em seu lugar, mas vê-los como locais que operam com representações engendradas em relações de poder, que incitam sujeitos a ser de determinada maneira, a pensar de um determinado jeito, a consumir determinados produtos. Estão implicados na produção de sujeitos normalizando seus corpos, dizendo o que é certo e errado, que comportamentos são aceitáveis ou não. Esta perspectiva ressalta o caráter produtivo do poder que opera no sentido de tornar úteis os sujeitos sobre os quais o poder é exercido (Foucault, 1985).

Nesse caso, o que está fora da escola, segundo professores/as, é a sociedade de consumo, que mediante seus meios de comunicação, como a televisão, dita as regras para os/as estudantes. Relacionado ainda a esse argumento, está o tipo de estudante que se apresenta nas escolas atualmente. Os/as professores/as dizem que seus/suas alunos/as são fracos/as, com mau comportamento, que criam um ambiente tenso nas aulas, ou apáticos, que não estão preocupados com os conteúdos que a escola tem a lhes oferecer, sendo que hoje a escola é mais um local de relações sociais entre eles/as do que propriamente um local de estudos. Uma professora chega a afirmar: “eu não aprendi na faculdade a lidar com adolescentes problemáticos, que vêm para a escola namorar e encontrar a turma...”

Deste modo, quando professores/as declaram que o que está fora da escola é mais interessante do que ela, outro questionamento possível é: o fora da escola inclui a escola como um todo ou refere-se à sala de aula? Como afirmamos anteriormente, a escola constitui um local de encontro entre jovens, ou seja, um espaço de relações sociais, que pode ser muito interessante e necessário. No nosso contexto social, muitas vezes a escola como um lugar de encontro é uma das poucas possibilidades, senão a única, de lazer para os/as estudantes, e ela é, portanto, um espaço de expressão da sexualidade juvenil e de exercício da sociabilidade. Ir para a escola e estar na sala de aula parece não ser a mesma coisa para os/as estudantes. A escola pode significar agüentar aulas monótonas, relações difíceis com professores/as, mas também pode significar encontrar os/as amigos/as, escutar música, namorar, brigar, bater um papo, como afirma uma professora comentando o comportamento de seus alunos: "é uma alegria vir para a escola e um sofrimento entrar em sala de aula".

"O que está fora da escola" pode também ser compreendido aqui por meio do que é negado na escola, ou seja, práticas exercidas na e pela escolarização que, por serem consideradas naturais, não foram e não são postas em questão. De acordo com Guacira Louro (1997), essa naturalidade fortemente construída tem nos impedido de ver o quanto as divisões de gênero e de sexualidade, por exemplo, atravessam essas práticas. A escola dividiu os adultos, as crianças e jovens, os ricos e os pobres, os "normais" e os "desviantes", os meninos e as meninas. Por meio de suas normas, do uso do tempo, do espaço, das suas rotinas, a escola sempre esteve envolvida no processo de construção de identidades sociais.

Como apontam Debbie Epstein & Richard Johnson (1998), as diferenças que fazem uma "real diferença" como gênero, classe, etnia, raça, sexualidade são ativamente produzidas na escola, mas também em outros locais sociais. O aspecto relacional da escola na produção de identidades sociais reside também no fato de que a escola produz e recria significados, o repertório cultural de alunos/as e professores adquire na dinâmica escolar novos significados. É nesse sentido que Henry Giroux (1996) afirma que é importante para professores compreenderem como os/as jovens vivem num mundo em que estão presentes a certeza e a ordem e ao mesmo tempo em um mundo de práticas e espaços culturais diversos e fragmentados, mundo em que são produzidas, entre outras, suas identidades de geração e sexualidade. É nessa multiplicidade que temos que pensar a juventude e as questões que se tornam importantes para a educação. Assim, acreditamos que pensar a juventude é deixar de lado a nostalgia para poder pensar novas possibilidades de construir formas de trabalho escolares inclusivas em relação aos jovens e seus espaços sociais, principalmente a televisão, por ser esta uma das fontes principais de lazer e informação utilizadas por jovens brasileiros.

Referências bibliográficas

ARIÈS, Philippe (1986). *História social da criança e da família*. Rio de Janeiro: Guanabara.

BRITZMAN, Deborah (1996). O que é esta coisa chamada amor – Identidade homossexual, educação e currículo. *Educação & Realidade*, vol. 21, n. 1, jan.-jun., p. 71-96. Porto Alegre [s.e.].

CHIARI, Tatiana (2001). O planeta teen: a globalização espalha a cultura jovem com mais velocidade. *Veja*. São Paulo: Abril, vol. 34, n. 38, set., p. 56-57 [Edição especial].

EPSTEIN, Debbie & JOHNSON, Richard (1998). *Schooling Sexualities*. Buckingham: Open University Press.

FOUCAULT, Michel (1985). *História da sexualidade – I: A vontade de saber*. Rio de Janeiro: Graal.

GIROUX, Henry (1996). Jovens, diferença e educação pós-moderna. *In*: CASTELLS, Manuel (org.). *Novas perspectivas críticas em educação*. Porto Alegre: Artes Médicas.

GREEN, Bill & BIGUN, Chris (1995). Alienígenas na sala de aula. *In*: SILVA, Tomaz Tadeu da (org.). *Alienígenas na sala de aula – Uma introdução aos estudos culturais em educação*. Petrópolis: Vozes.

LOURO, Guacira (1997). *Gênero, sexualidade e educação: uma perspectiva pós-estruturalista*. Petrópolis: Vozes.

— (1999). Pedagogias da sexualidade. *In*: ID. (org.). *O corpo educado: pedagogias da sexualidade*. Belo Horizonte: Autêntica.

— (2002). Currículo, gênero e sexualidade - Refletindo sobre o "normal", o "diferente" e o "excêntrico". *Labrys: estudos feministas*, vol. 1, n. 1/2, jul.-dez. Brasília [s.e. - Disponível em: http://www.unb.br/ih/his/gefem/; acesso em 02/08/2002].

MACHADO, Arlindo (2000). *A TV levada a sério*. São Paulo: Senac.

OLIVEIRA, Angélica (2001). Eles sabem tudo. Será? *Veja*. São Paulo: Abril, vol. 34, n. 38, set., p. 24-25 [Edição especial].

STEINBERG, Shirley (1997). Kindercultura: a construção da infância pelas grandes corporações. *In*: SILVA, Luis *et al*. (orgs.). *Identidade social e a construção do conhecimento*. Porto Alegre: Secretaria Mun. de Educação.

Veja (2001). Os novos revolucionários. São Paulo: Abril, vol. 34, n. 38, p. 7, set. [Edição especial].

— Apresentação: a geração Z. —, p. 14-15, —.

7

A boa forma de João e o estilo de vida de Fernanda

Fernanda fumando e João Paulo consternado, ambos de preto. Ela parece estar sentada em um ambiente fechado, rosto iluminado por luzes artificiais, olhar contemplativo. Ele parece estar em pé, deslocando-se ao ar livre, rosto iluminado pelos raios de sol, introspectivo. As inscrições "...pedidos do namorado para abandonar o cigarro [...] só perdi a esperança quando encontraram o corpo dela" marcam a junção de tempo e de escolhas distintas; contornam a moldura de estilos de vida paradoxalmente antagônicos e complementares.

A imagem descrita acima ilustra uma matéria de Eduardo Oinegue publicada pela revista *Veja* em 8 de agosto de 2001[1], baseada na entrevista exclusiva concedida por João Paulo Diniz, doze dias após o acidente de helicóptero que vitimou a modelo Fernanda Vogel e um dos tripulantes que os conduzia de São Paulo à cidade litorânea de Maresias. Nessa entrevista, Diniz relata os momentos em que ele, Fernanda, piloto e co-piloto (que também se salvou) passaram entre a queda do helicóptero no mar e sua chegada a nado na beira da praia, sozinho, perfa-

1. A matéria completa está disponível on-line em http://veja.abril.com.br/080801/p_116.html; acesso em 30/08/2001.

zendo um percurso de aproximadamente 3km. O incidente recebeu ampla cobertura da mídia nacional, as reportagens e entrevistas se centravam na elucidação das possíveis causas do acidente (condições climáticas, segurança do helicóptero, imperícia do piloto, falhas no plano do vôo e falta de autorização para decolagem). Mas o foco principal eram as circunstâncias que envolveram o salvamento de um bem-sucedido empresário e a morte de uma promissora modelo.

A curiosidade, os comentários e as interpretações do caso estavam ancorados na versão do sobrevivente mais ilustre e giravam em torno dos diferentes destinos de cada um e das opções que fizeram ou deixaram de fazer antes e imediatamente após a queda do helicóptero no mar. Nos documentos disponíveis *on-line* há uma série de especulações que tentam reconstituir causas, levantar suspeições e atribuir culpa a determinados comportamentos dos sujeitos diretamente envolvidos. Analiso aqui dois aspectos sutilmente articulados nessa entrevista de João Paulo Diniz à *Veja*: a valorização do estilo de vida esportivo do empresário e a sutil culpabilização do estilo de vida sedentário da modelo. Mais especificamente, analiso de que modo alguns fragmentos da narrativa de João ajudam a pensar o "estilo de vida ativo" contemporâneo a partir da perspectiva dos estudos de gênero.

A boa forma de João

> Aos 37 anos, João Paulo herdou do pai, Abílio, o gosto pelos esportes. Fanático pela boa forma, pratica várias modalidades (Oinegue, 2001).

Chuva, vento, ondas fortes, baixa temperatura da água, helicóptero submerso. João comanda a cena. Livram-se das roupas mais pesadas e formam duplas para facilitar o deslocamento. O mar bravio, a noite um breu; cada par segue uma rota diferente. João nada mais rápido para animar Fernanda, demonstrar que era possível vencer aquele desafio; bastava seguir seu exemplo de determinação. Chama por ela e volta, mal ouve a resposta e novamente nada mais à frente; outra vez volta para buscá-la, mais uma vez se distanciam. Chama e nada em círculos até que a voz de Fernanda some... "Resolvi então nadar até a praia em busca de ajuda" (Diniz *apud* Oinegue, 2001).

É muito difícil saber que tipo de reação cada um teria ao passar por uma situação dessas; tanto na posição de quem sabe nadar quanto na de quem espera ajuda. Para o que me proponho neste texto, seria improdutivo conjeturar sobre o que teria acontecido ou o que poderia ter sido diferente. Aqui importa tornar visíveis algumas articulações discursivas que dão sentido a essa narrativa, pois o que mantém vivo o episódio, além de um processo ainda tramitando na justiça, é a versão de João Paulo Diniz, praticamente corroborada pelo relato do co-piloto que trabalhava para sua empresa.

Em vários recantos da mídia, a condição atlética de João vinha à tona. A revista *Veja*, ao longo da entrevista concedida pelo empresário, vai destacando positivamente a performance e as preferências esportivas deste "fanático pela boa forma": surf em mar bravo, maratonas, natação, triatlon e *ironman*, prova que envolve 4km de natação, 180 de bicicleta e 42 de corrida (Oinegue, 2001). Ao que parece, um devoto de um estilo de vida fisicamente tão intenso, forjado a ferro em pesados exercícios físicos, dificilmente teria um destino diferente naquele acidente.

Essa estreita relação entre fanatismo pela boa forma e espírito empreendedor não é tão nova. Por volta do final da década de 70, depois da disseminação bem-sucedida do método aeróbico de *Cooper* no Brasil, "o suor entrou na moda"[2], uma gama cada vez mais variada de roupas e produtos esportivos começavam a povoar anúncios publicitários e prateleiras de lojas. Os fanáticos pela boa forma proliferavam na mesma proporção em que proliferavam academias de ginástica por todo o país, numa relação

2. Título de uma matéria da revista *Veja* de outubro de 1979, citado por Denise Sant'Anna (1994).

de oferta e demanda que impulsionava a indústria do *fitness*. Naquele tempo, "a nova voga do esporte, completamente associada à valorização da imagem do empresário, ganhava expressão na mídia. Nas novelas, nos filmes e ainda na política, ser empresário na empresa e empresário do próprio corpo integravam o mesmo ideal" (Sant'Anna, 2000: 242).

Destemor, tenacidade, persistência, virilidade, iniciativa etc., passaram a impregnar de sentido os demorados, dispendiosos e traumáticos rituais de sacrifício físico praticados pelos devotos da atividade física. Controlar a dor, cultivar os músculos e superar os limites do corpo potencializavam (e ainda potencializam) um sentimento de proteção diante de uma sociedade cada vez mais imprevisível e turbulenta - sentimentos intimamente conectados a um modo masculino de estar no mundo. Em contrapartida, excesso de treinamento, acurada aptidão física, lesões, uso de drogas para ampliar o rendimento e aliviar a dor expuseram o lado frágil do emergente fanatismo pela boa forma; espantaram possíveis adeptos e enfraqueceram a capacidade de persuasão do movimento em favor da atividade física como fator de proteção à saúde. Demonstrações de virtuosismo esportivo e de superação dos limites movimentavam (e cada vez mais movimentam) somas extraordinárias na mídia esportiva, mas parecem se restringir muito mais ao consumo contemplativo do espetáculo do que conduzir à vida ativa[3]. Nadar em busca da superação dos limites pode impressionar, mas na maioria das vezes não anima quem mal consegue dar braçadas.

Para sobreviver, o discurso da atividade física articulado à saúde muda de enfoque, torna-se mais mórbido: ao mesmo tempo em que condena o excesso, também responsabiliza o sedentário pelo destino decorrente do estilo de vida adotado.

---

3. Nos EUA, depois de mais de duas décadas da pregação aeróbica de *Cooper*, a taxa de participação em atividades físicas intensas entre 1985 e 1991 se manteve praticamente estável, o percentual de praticantes passou de 16 para 17% nesse período. Além disso, o índice de indivíduos considerados obesos aumentou em relação às décadas anteriores (Lovisolo, 2000).

O estilo de vida de Fernanda

> O casal dava braçadas e não saía do lugar. O empresário gritava: "Vamos!" E Fernanda respondia: "Estou cansada, estou cansada..." (Oinegue, 2001).

João é voz ativa da narrativa, Fernanda a voz silenciada pelo destino. Ele fez o que pôde, tanto antes como depois do acidente. Como um bom devoto da atividade física, tentou persuadir a namorada a deixar o cigarro e a se exercitar para seu próprio bem. Ela não lhe deu ouvidos... Faltou a Fernanda o que sobra em João: fôlego, resistência, habilidade, persistência e rotina de exercícios.

Há muito tempo que a noção de que falta algo às mulheres tem sido invocada para justificar sua diferença em relação aos homens. E essa relação negativa se reforça quando as explicações estão ancoradas nos "fatos da biologia" (Nicholson, 2000). No século II d.C. Galeno estrutura um modelo explicativo no qual semelhanças foram enfatizadas e distinções explicadas com base numa relação de grau de proximidade com a perfeição das formas. Ele "demonstrava com detalhes que as mulheres eram essencialmente homens, nos quais uma falta de calor vital – de perfeição – resultava na restrição interna das estruturas que no homem são visíveis na parte externa" (Laqueur, 2001: 16).

Por volta do final do século XVIII e início do XIX um olhar microscópico "invade" as mais ínfimas regiões do corpo. As diferenças assumem proporções cada vez mais detalhadas no discurso biológico; tornam-se mais profundas. O que até então era considerado apenas acidental na constituição anatômica começava a ser construído como causa dos contrastes mais evidentes entre homens e mulheres. As diferenças passavam a ser de espécie e não apenas de grau (Laqueur, 2001).

> Patrick Guedes usou a fisiologia celular para explicar o "fato" de as mulheres serem "mais passivas, conservadoras, indolentes e variáveis". Ele achava que com raras exceções – o cavalo marinho, espécies de pássaros – os machos eram constituídos de

> células catabólicas, células que despendiam energia. Elas consumiam os rendimentos, uma das metáforas favoritas de Geddes. As células femininas, por outro lado, eram anabólicas; armazenavam e conservavam energia (Laqueur, 2001: 17-18).

A explicação para o caráter passivo e indolente das mulheres ganha estatuto científico, migra da cultura para o interior das células; justifica destinos e posições sociais diferentes nas relações de gênero. "O sexo passa a ser um fato imutável da natureza; o gênero, um efeito do determinismo biológico no universo das convenções culturais, políticas, artísticas e sociais" (Del Priori, 1994: 55).

Aos 20 anos, pele morena e traços levemente orientais, Fernanda estava no auge de carreira que exige de cada milímetro do corpo uma correspondência à modelagem *top*. Desfilou na São Paulo *Fashion Week*, foi musa do verão pela revista *Trip*, estrelou campanhas publicitárias para a Nestlé e para a Antarctica (Lobato & Caruso, 2001). "Seu feitio de corpo, pernas musculosas, seios grandes, magra - sem ser magérrima - e 'angulosa', de acordo com uma produtora do ramo, assegurava muitos convites para a moda praia" (*Jornal do Brasil*, 2001). Só não lhe assegurou um papel diferente na história protagonizada pelo ex-namorado.

Na entrevista concedida à *Veja*, João realça de maneira muito sutil o vício do cigarro e faz aparecer algo que até então se encontrava invisível na formosura de Fernanda: o sedentarismo. Uma hipótese que encontra acolhida no discurso do estilo de vida ativo contemporâneo e parece sinalizar uma eventual justificativa para destinos tão diferentes num mesmo episódio.

O sedentarismo começa a figurar como um dos principais fatores de risco das chamadas doenças silenciosas (infartos, derrames, diabetes, câncer etc.) e passa a ser considerado "inimigo público número um da saúde" (*Revista Movimento*, 2001: 112-113). "Pode-se dizer que as mudanças ganharam um impulso decisivo em 1992, quando a *American Heart Association* publicou um manifesto em que se reconheceu a inatividade física como um quarto fator de risco modificável para doenças cardiovasculares; primário e independente" (Nahas, 2002: 22).

Um inimigo que "não vê cara nem coração"; que não tem corpo definido, nem uma identidade estável. Um "terrorista" que sorrateiramente se infiltra em nossos corpos. Para Slojav Zizek, "o inimigo é por definição invisível em sua dimensão crucial, ele se parece com um de nós, não pode ser diretamente identificado, e é por isso que o maior problema e a tarefa da luta política é fornecer/construir a imagem identificável do inimigo" (2002: 12).

Para combatê-lo ou exorcizá-lo, ao invés de traumáticos exercícios físicos; atividades corriqueiras: subir e descer escadas ao invés de usar elevador, descer um ponto antes do ônibus, fazer alongamentos na fila do supermercado, jardinar, arrumar a casa, brincar ativamente com as crianças, passear com o cachorro, etc. Basta acumular 30 minutos de atividades físicas ao longo de cada dia, contínua ou alternadamente, todos os dias (Pate *et al.*, 1995). Aqui não importa o tipo de atividade, nem o grau de aptidão física. Importa, isto sim, submeter o "corpo-nosso-de-cada dia" a uma rotina de cálculos sobre o "gasto energético" (uma das referências principais no cuidado corporal contemporâneo) para transformar uma tarefa diária em atividade física voltada para a saúde[4]. O estilo de vida ativo, agora, está ao alcance de todos/as. Os riscos à saúde já estão devidamente calculados[5]; o destino parece estar ao nosso alcance!

Essa "nova recomendação global" sobre atividade física e saúde se apóia em algumas estimativas e evidências científicas para "esquematizar a figura lógica do inimigo"[6] da saúde: afro-americanos e outras etnias minoritárias, aposentados, pessoas com baixa escolaridade e, especialmente, mulheres (Pate *et al.*, 1995).

---

4. Venho discutindo esse tema na pesquisa de doutorado que desenvolvo no Programa de Pós-graduação em Educação da UFRGS, mais especificamente na linha de pesquisa Educação e Relações de Gênero. Os dados em questão estão esboçados no projeto de tese intitulado "Evangelho do agito: uma forma de ativar o corpo e regular a vida" (Fraga, 2002).

5. A noção de risco à saúde aqui mencionada está baseada nas formulações de Deborah Lupton (1999).

6. Conforme Slojav Zizek (2002).

As mesmas premissas e recomendações também estão presentes em programas brasileiros de promoção da atividade física. “De acordo com dados levantados no Brasil em 1998, 70% dos sedentários de todo o país são mulheres, tendência esta que tem levado a considerar internacionalmente a mulher como um grupo de risco para o qual devem ser criadas estratégias específicas de intervenção” (Agita..., 2002).

O estilo de vida ativo, mais do que uma simples opção pessoal pela prática de exercícios regulares em prol da saúde, de modo muito sutil, inscreve nos corpos normas de conduta e comportamento que refletem discriminações sociais de gênero, sexualidade, etnia, classe, geração. Forja por contraste o feitio do sujeito do sedentarismo.

A força desse discurso reside justamente na sutileza das distinções, na reiteração da norma e na naturalidade com que as explicações são absorvidas. É interessante observar que mesmo com recomendações mais brandas sobre o nível de atividade física benéfico à saúde, e com estatísticas sobre perspectiva de vida mais favoráveis às mulheres, ainda assim o “movimento feminino” representa risco; demanda cuidados; está em falta em relação à movimentação mais geral. Poder-se-ia se dizer que a preocupação com a atividade física específica para a “mulher do novo milênio” está intimamente ligada à velha retórica masculina, que há muito tempo vem escrevendo a história da ciência do movimento humano.

> Ela [a ciência] foi feita pelos homens – homens brancos ocidentais da classe dominante – os quais, supostamente, fizeram as perguntas e deram as respostas que interessavam a todas as pessoas. Possuidores de alguma capacidade “extraordinária”, eles sempre “souberam” o que era importante *em geral* (Louro, 1997: 143).

O masculino se constitui como condição primeira, que subordina o feminino em uma relação hierárquica. Os modos masculinos coincidem com a norma mais geral; recrudescem sua posição reafirmando o feminino como desvio, inadequação, falta.

Monique Wittig, citada por Judith Butler, estende ao próprio conceito de gênero a relação de poder assimétrica entre corpos masculinos e femininos: "o gênero é o índice lingüístico da posição política entre os sexos. O gênero é utilizado no singular porque na realidade não há dois gêneros. Só há um: o feminino; o 'masculino' não é um gênero. Já que o masculino não é o masculino, mas sim o geral" (1997: 10).

Fernanda flutua nesse mar de discursos que se esforçam em posicionar a mulher como um sujeito deficitário. De certa forma ela funciona como uma metáfora da subordinação feminina na gramática masculina: sem fôlego, sem disposição, sem atividade, sem fala... tudo que se encontra (ou que se espera encontrar) no agente ativo do discurso. Branco, jovem, empreendedor, atlético e sobrevivente, João ocupa a posição privilegiada desse homem genérico que sempre conduziu a história, que sempre soube decidir sobre o que era mais importante. O corpo da jovem morena de traços orientais, fumante e pouco ativa, parece dar mais sentido e visibilidade a essa "crônica da morte anunciada" do que aquele corpo de contornos retilíneos e seios volumosos que brilhava nas passarelas e comerciais de TV.

É nesse processo de diferenciação que a versão de João sobrevive. A valorização da identidade ativa do protagonista, assim como num sistema de representação mais geral, está diretamente associada à sutil desvalorização do modo de vida de Fernanda. É nesse contraste de estilos que os destinos passam a fazer sentido. É sobre o corpo de Fernanda que a performance de João reluz.

Outras vozes

> O que dizem as palavras não dura. Duram as palavras. Porque as palavras são sempre as mesmas e o que dizem não é nunca o mesmo (Porchia *apud* Larrosa, 2001: 290).

Num episódio que envolve duas figuras públicas há sempre a "tentação" de estabelecer um juízo de valor e apontar culpados desse ou daquele comportamento, algo considerado normal numa sociedade assentada no discurso jurídico-cristão. No entanto, culpar ou absolver esse ou aquele personagem acaba pessoalizando a discussão e neutralizando a análise sobre os efeitos de poder que posicionam diferentemente os sujeitos masculinos e femininos nas relações de gênero. A forma como a *Veja* apresenta a entrevista de João acaba supervalorizando um estilo de vida e um modo de encarar o mundo ajustado ao discurso masculino hegemônico. E aqui não se trata de pensar que ele inventou uma história para se livrar da culpa ou de um processo, mas sim de pensar que esse modo de ser masculino é uma invenção cultural. A narrativa de João é apenas um eco desta ficção.

Do incidente na praia de Maresias existe apenas o que está são e salvo na superfície da história contada por João. Não há uma verdade acima de qualquer suspeita ou por trás dos relatos disponíveis. Não há retorno possível àquele drama no mar fora do texto de João[7]. Isso não significa dizer que só aconteceu aquilo que foi relatado por ele, mas sim que só podemos pensar sobre aquele intervalo de tempo dentro d'água a partir das palavras de João. Sobre elas muita coisa foi dita e escrita na mídia[8], outros enfoques foram levantados e outros contornos desenhados.

As vozes que hoje falam por Fernanda na mídia sugerem que o mesmo estilo de vida ativo e destemido que assegurou a João o retorno à praia também pode ter conduzido os demais ao mar aberto. Um modo de encarar o mundo que lhe deu segurança para voar em péssimas condições climáticas, desprezar os coletes salva-vidas, orientar a se livrarem das roupas para facilitar o deslocamento ao invés de ficarem com elas para ate-

---

7. Aqui há ressonâncias da idéia derridiana de que não há o fora do texto (Derrida, 1973).

8. A revista *IstoÉ* preferiu abordar o caso a partir da ótica da família de Fernanda Vogel. As duas jornalistas que assinam a matéria "A dor da perda" priorizaram o contraponto à versão de João Paulo Diniz sobre o incidente (Lobato & Caruso, 2001).

nuar o frio e facilitar a flutuação, e cronometrar seu próprio tempo até sair do mar. Nada mais "natural" para quem tem liderança, determinação, autoconfiança, espírito de aventura; condutas prestigiadas nas diferentes dimensões da vida social, especialmente em situações-limite, e que correspondem ao personagem que João traçou para si mesmo. Nesse *script* o homem forjado a ferro também revela uma fraqueza; reserva muito pouco espaço para suas angústias, vacilações, arrependimentos, culpas e medo... João parece seguir submerso em si mesmo rumo à terra firme.

Durante a travessia pouco se ouve a voz de Fernanda. Tudo parece ter acontecido muito rápido: o barulho da chuva, do vento e do mar; agitação, cansaço, pânico parecem ter ajudado a abafar sua voz... ou talvez João não tenha lhe dado ouvidos! Como na gramática da vida, não há uma resposta lógica que ponha um ponto final nos efeitos da breve história de João e Fernanda. As respostas são sempre parciais e escapam a qualquer tentativa de fechamento puramente racional. Elas acabam desdobrando mais perguntas, alinhavando novas interpretações, repercutindo outras vozes...

Referências bibliográficas

Agita São Paulo (2002). *Atividade física e a saúde da mulher – Mulher ativa, mulher sadia* [Disponível em http://agitasp.com.br/mulher.asp; acesso em 27/02/2002].

BUTLER, Judith (1997). Sujetos de sexo/género/deseo. *Feminaria*, ano X, vol. 19, jul., p. 1-20. Buenos Aires [s.e.].

DEL PRIORI, Mary Lucy M. (1994). A história do corpo e a nova história – Uma autópsia. *Revista da USP*, n. 23, p. 49-55. São Paulo: USP.

DERRIDA, Jacques (1973). *Gramatologia*. São Paulo: Perspectiva.

FRAGA, Alex Branco (2002). *Evangelho do agito: uma forma de ativar o corpo e regular a vida*. Porto Alegre: UFRGS [Projeto de tese de doutorado em Educação].

Jornal do Brasil (2001). *Fui premiada por Deus*. Rio de Janeiro, 04/08 [Disponível em http://jbonline.terra.com.br/papel/brasil/2001/08/03/jorbra20010803017.html; acesso em 30/08/2001].

LAQUEUR, Tomaz (2001). *Inventando o sexo – Corpo e gênero dos gregos a Freud*. Rio de Janeiro: Relume Dumará.

LARROSA, Jorge (2001). Dar a palavra – Notas para uma dialógica da transmissão. *In*: LARROSA, Jorge & SKLIAR, Carlos (orgs.). *Habitantes de Babel – Políticas e poéticas da diferença*. Belo Horizonte: Autêntica.

LOBATO, Eliane & CARUSO, Marina (2001). A dor da perda. *Revista IstoÉ*, n. 1662, 08/08 [Disponível em http://www.terra.com.br/istoe/1662/comportamento/1662_dor_perda4.htm#1; acesso em 07/04/2003].

LOURO, Guacira L. (1997). *Gênero, sexualidade e educação: uma perspectiva pós-estruturalista*. Petrópolis: Vozes.

LOVISOLO, Hugo (2000). *Atividade física, educação e saúde*. Rio de Janeiro: Sprint.

LUPTON, Deborah (1999). *Risk*. London/New York: Routledge.

NAHAS, Markus (2002). Atividade física e promoção da saúde: desafios históricos e perspectivas. *In*: Maceió. *Anais do IV Simpósio Nordestino de Atividade Física e Saúde*, vol. 1. p. 22-23. Maceió.

NICHOLSON, Linda (2000). Interpretando o gênero. *Revista Estudos Feministas*, vol. 8, n. 2, p. 9-41 [s.n.t.].

OINEGUE, Eduardo (2001). "Chamei Fernanda e ela não respondeu". *Revista Veja*, n. 1712, 08/08 [Disponível em http://veja.abril.com.br/080801/p_116.html; acesso em 25/04/2002].

PATE, Russel *et al.* (1995). Physical Activity and Public Health: A Recommendation from the Centers for Disease Control and Prevention and the American College of Sports Medicine. *Jama*, vol. 273, n. 5, p. 402-407 [s.n.t. – Disponível em http://wonder.cdc.gov/wonder/prevguid/p0000391/p0000391.asp#head009000000000000; acesso em 19/07/2002].

Revista Movimento (2001). Manifesto de São Paulo para promoção da atividade física nas américas. Porto Alegre: UFRGS/Esef, ano VII, n. 14, jul., p. 112-113.

SANT'ANNA, Denise B. de (1994). *O prazer justificado – História e lazer (São Paulo, 1969-1979)*. São Paulo: Marco Zero/MCT-CNPq.

— (2000). As infinitas descobertas do corpo. *Cadernos Pagu*, vol. 14, p. 235-249. Campinas: Unicamp.

ZIZEK, Slavoj (2002). O filósofo estatal. *Folha de S. Paulo*, Caderno Mais, 24/03, p. 12. São Paulo.

Agradeço especialmente a Guacira Lopes Louro, Silvana Goellner e a Rosângela Soares pela leitura atenta e pelas contribuições que deram ao texto.

8

Mídia impressa e educação de corpos femininos

Inicio este texto parafraseando o Professor Edvaldo Souza Couto. Ele diz que esquecemos, professoras e professores, que o corpo também aprende. Agimos algumas vezes como se fosse possível, de fato, estabelecer uma oposição entre corpo e mente. Esquecemos (ou não percebemos) que não apenas a mente do/a educando/a toma conhecimento dos fatos que os/as circundam, mas também os seus corpos. Escapa-nos, igualmente, que essas aprendizagens não ocorrem somente no espaço escolar. O corpo, não somente o infantil, está constantemente aprendendo na relação, na interação com o outro – a família, o grupo de amizades, o par amoroso – este outro pode materializar-se ainda, através da televisão, dos livros, da *Internet*, das revistas, enfim, da mídia de um modo geral e dos modelos idealizados que apresenta.

Afirmo com isso que há diversas pedagogias atuando no meio social e ensinando aos corpos masculinos e femininos, adultos e infantis modos de se comportar e de se relacionar com as coisas do mundo. Deste modo, minha graduação no curso de Pedagogia, minha inserção no espaço escolar como professora e o meu trabalho como pesquisadora, tendo como referência teórica os Estudos Culturais e de Gênero, possibilitaram-me compreender que é nas relações sociais que se constroem os gêneros e ainda o quanto essas marcas, dentre outras, aparecem inscritas nos corpos dos sujeitos, e não somente nos corpos dos sujeitos escolares. Tal teorização permite perceber como os sujeitos são continuamente inseridos em um reforçamento binário do que parece ser negativo ou positivo para meninos e meninas, para homens e mulheres nos espaços sociais em que se movimentam, isso porque tais atributos estariam inscritos na "natureza" de cada gênero, inscritos no corpo de cada um/a. Olhar a escola e os corpos de professoras e alunos/as, a partir desta perspectiva, é a um só tempo desestabilizador de antigas crenças e motivador de novos estudos na busca de outros caminhos para pensar, não só minha prática enquanto educadora, como também minhas vivências pessoais e acadêmicas. Enfim, "que a dúvida não seja de ordem intelectual apenas", diz Sandra Corazza (1996: 113), "mas apanhe, para desmantelar, nossas mais queridas adesões, sólidas hipóteses e consolidadas práticas teóricas e pedagógicas". A partir desta compreensão pude ver a educação e o fazer pedagógico sob outras perspectivas, buscando incorporar ao trabalho outros modos de fazer, outros modos de olhar; buscando uma linguagem politicamente mais engajada e dinâmicas mais problematizadoras.

Os Estudos Culturais muito têm contribuído para desmantelar antigas referências e práticas teóricas e pedagógicas consolidadas; muito têm facilitado os "esforços para examinar as práticas culturais pelas quais os indivíduos vêm a entender a si mesmos e ao mundo que os cerca" (Steinberg, 2001: 15). Estes estudos, ancorados na idéia de uma "pedagogia cultural", autorizam estender nosso olhar para além da escola e entrever que não é somente nesse espaço pedagógico que os corpos são educados, moldados, governados. Somos constantemente bombardeadas por informações que nos chegam principalmente através da mídia e que nos ensinam como devemos nos relacionar com o mundo; informações que se pretendem verdadeiras e universais. Nesse sentido, há pedagogia em qualquer espaço em que se efetua educação, em que se ensina aos indivíduos modos de proceder, de viver, de fazer, de comprar, de comer, de vestir, de falar; "existe pedagogia em qualquer lugar em que o conhecimento é produzido, em qualquer lugar em que exista a possibilidade de traduzir a experiência e construir verdades" (Giroux & McLaren, 1995: 144). Por esse viés, a conotação de "pedagogia cultural" engloba a educação e o ato mesmo de ensinar em um leque bastante amplo de áreas do social e do cultural que incluem a escola, mas não se fixam nela. Os espaços pedagógicos são vistos, assim, como aqueles lugares onde o poder é organizado e difundido.

Deste modo, é possível pensar as revistas voltadas para o público feminino, tanto infantil como adulto, como um artefato pedagógico que exerce poder sobre as mulheres e meninas, ensinando técnicas de como lidar com o corpo. Isso porque os discursos das revistas para mulheres e meninas me parece que se equivalem, de alguma forma, repetindo receitas e dicas para atingirem aquele corpo que é representado na mídia como "ideal". No mesmo sentido, Leni Vieira Dornelles aponta em sua tese de doutorado[1] que as seções das revistas femininas infantis visam regular e normatizar "desde os modos das meninas se portarem à mesa, de usarem determinadas roupas, de exercitarem os seus corpos, até a maneira de controlarem seu comportamento, de confessarem seus segredos, de falarem de sua intimidade, etc." (Dornelles, 2002: 88).

Para exemplificar como estas pedagogias culturais são veiculadas e produzidas nas revistas femininas, apresento aqui a revista *Boa Forma*, fazendo um recorte de minha dissertação de mestrado[2]. Aponto, através da análise de um programa específico da revista intitulado "Desafio de verão", que o corpo é um construto social, cultural, político e historicamente construído.

---

1. Leni Vieira Dornelles é professora da Faculdade de Educação da UFRGS e defendeu em 2002 sua tese de doutorado, na qual analisou revistas voltadas ao público feminino infantil. A tese intitula-se "Meninas no papel".

2. Minha dissertação de mestrado intitula-se: "Uma boa forma de ser feliz" – Representações de corpo feminino na revista *Boa Forma*. Foi realizada na Faculdade de Educação da UFRGS, na linha de pesquisa Educação e Relações de Gênero sob a orientação da Profa.-dra. Dagmar E. Meyer, defendida no final de 2002.

O corpo da cultura contemporânea aqui analisado extrapola a idéia biologicista de um corpo natural e essencializado. Ressignificado, ele não é mais tão natural quanto se pensou (ou se quis fazer crer) durante vários séculos e como ainda é representado, muitas vezes, pela mídia, principalmente quando fazem alusão ao corpo na articulação entre saúde e beleza, como indica um excerto encontrado no site da Editora Abril ao apresentar a revista *Boa Forma*:

> *Boa Forma* é uma revista que conta tudo sobre o corpo: exercícios, alimentação saudável, beleza e qualidade de vida. As reportagens orientam a leitora que quer adotar um estilo da vida mais saudável, com sugestões de nutrição, cosméticos, moda esportiva e equipamentos de ginástica (Penteado, 2001).

Representação é um conceito-chave para articular a análise da revista, pois é entendido, na perspectiva dos Estudos Culturais, como um modo de produzir significados na cultura; estes significados são produzidos através da linguagem (aqui através da linguagem veiculada na revista) e implicam relações de poder. Nos textos da *Boa Forma* o poder de dizer sobre o corpo feminino é traduzido pelas prescrições e exemplos que apresenta, como apontam os editores da revista: "nós mostramos como as mulheres comuns e famosas se cuidam, trazem opiniões, informações úteis e comparativas, testes, soluções e muito mais" (Penteado, 2001). É possível inferir através das palavras de Dagmar Meyer que

> Representação envolve as práticas de significação e os sistemas simbólicos através dos quais estes significados - que nos permitem entender nossas experiências e aquilo que nós somos - são construídos. [...] As representações envolvem, pois, as práticas de construção e partilhamento de sentidos na cultura, pela operação de diferentes e variados signos e sistemas de classificação (2000: 58).

Entendo que as representações de corpo feminino veiculadas nas revistas, tanto para meninas quanto para mulheres, constroem posições de sujeitos, diferenças e identidades.

Selecionei, dentre uma infinidade de revistas voltadas aos cuidados com o corpo feminino, a revista *Boa Forma* por ser a primeira do estilo no mercado editorial brasileiro. A revista surgiu em 1986 em edição trimestral como encarte especial da revista *Saúde*. Hoje, vende cerca de 225.000 exemplares em um mês em todo o Brasil, sendo que 79% deste montante são para mulheres com idades que oscilam entre 18 e 34 anos.

Apresento a seguir a análise da seção do programa "Desafio de verão", que prescreve dietas alimentares de emagrecimento com a indicação de alimentos mais saudáveis e as melhores escolhas. Emagrecer, hoje, parece ser uma das grandes preocupações da humanidade que envolve homens e mulheres, jovens e adultos. A sombra da obesidade e a idéia de um corpo "disforme" parecem pesar tanto quanto a consciência daquela/e que come. Zigmund Bauman aponta que "a atitude 'meu corpo é uma fortaleza sitiada' não leva ao ascetismo, à abstinência ou à renúncia; significa consumir mais - porém consumir alimentos especiais, 'saudáveis', comprados no comércio" (2001: 96). Esses são modos de proceder que balizam as indicações oferecidas por *Boa Forma* na prescrição de suas dietas e de suas atividades físicas.

"O peso dos seus sonhos? – Receita abaixo"

O "Desafio de verão" é um programa anual de dieta alimentar de emagrecimento e exercícios físicos propostos pela equipe editorial da revista *Boa Forma*, lançado sempre na primavera para preparar o corpo para a estação do ano em que o corpo fica em maior evidência: o verão. A proposta do programa é composta de duas ou três etapas consecutivas e tem como objetivo transformar o corpo; a chamada de capa promete: "'Desafio de verão', seu corpo novinho em folha começa aqui! Programa de três meses de dieta e exercícios (à prova de biquíni)" (Penteado, 2000). Essa chamada fez-me pensar que há um corpo para o verão e, conseqüentemente, outros corpos para outras estações. O primeiro ano de lançamento do *Desafio* foi em 1999 e recebeu em 2002 uma edição especial. Faço aqui uma análise da dieta de emagrecimento proposta pelo programa.

A revista diz, em um tom aprazível, que, para fazer dieta e emagrecer, é necessário apenas força de vontade, autocontrole e disciplina. A conquista de um corpo mais magro e mais de acordo com os padrões estéticos atuais é promessa de uma maior auto-estima. "Uma vez que o corpo torna-se o espaço privilegiado para a negociação das diferentes identidades, recuperar a auto-estima é, antes de mais nada, recuperar o próprio corpo. É nele que o sucesso e o fracasso são negociados" (Mira, 2001: 185). Deste modo, recuperar o corpo é fazer uma dieta rica em fibras, equilibrada em proteínas e carboidratos, com baixo teor de gordura, além de um consumo adequado de calorias, como preconizam as nutricionistas de *Boa Forma* – o que garante, segundo elas, não só um corpo magro e mais bonito, como também mais saudável, sem colesterol, sem problemas como depressão, pressão, etc. Isto porque, segundo Maria Celeste Mira (2001: 185), "a obesidade contraria, ao mesmo tempo, os ideais de beleza e saúde, tornando-se o grande mal de uma sociedade sedentária e da abundância (para as classes que consomem)".

A construção e a negociação das diferentes identidades passam hoje, necessariamente, pelo corpo e são associadas ao consumo, alimentando um mercado milionário que cresce incrivelmente a cada dia, junto com a obsessão pelo corpo belo, malhado, magro, saudável. "O interesse de um grande número de pessoas pela saúde, prática de exercícios, dietas e cuidados com o processo de envelhecimento vincula-se a um ideal de beleza que propõe um corpo delgado, reforçado ao ponto de produzir o seu contrário, a doença" (Mira, 2001: 190). Com isso, as identidades moldadas a partir de um dado referencial de corpo não são eternas, como nenhuma identidade o é, mas, aqui, o que as torna transitórias é também a transitoriedade dos corpos, sua fluidez e inconstância, seu perfil efêmero. De acordo com Bauman (2001: 97), é isso que torna incessante a busca por identidade, uma necessidade de "deter ou tornar mais lento o fluxo, de solidificar o fluido, de dar forma ao disforme. Lutamos por negar ou pelo menos encobrir a terrível fluidez logo abaixo do fino envoltório da forma [...]". Ou seja, a suposta solidez e fixidez das identidades só parece "real" quando vista de fora; a partir desse entendimento, o que se aplica às identidades aplica-se também ao corpo. As identidades, assim como o corpo, não são produtos finais, completos ou prontos, ambos são objetos de uma contínua construção que é constituída no interior da representação. "Os resultados dessa construção, tal como as práticas de significação a que está vinculada, são sempre incertos, indeterminados, imprevisíveis" (Silva, 1999: 25).

É por volta de 1920 que o termo "dieta" é associado pela primeira vez à idéia de emagrecimento, de auto-regulação, de autodisciplina. Com essa preocupação, diz Anthony Giddens, "o corpo torna-se um foco do poder disciplinar. Mas, mais que isso, torna-se um portador visível da auto-identidade, estando cada vez mais integrado nas decisões individuais do estilo de vida" (1993: 42). Nos dias atuais, todas as pessoas, de um modo geral, fazem algum tipo de dieta: para emagrecer (tendo em vista a variedade de dietas com esse fim), para engordar, para diminuir o colesterol, para aumentar a massa muscular, para controlar a pressão arterial, etc. Para Giddens (1993: 42), a introdução das dietas no cotidiano das pessoas, seja para fins estéticos, para manutenção da saúde ou ambos, está ligada à introdução de uma "ciência" da nutrição e, portanto, "ao poder disciplinar no sentido de Foucault; mas também situa a responsabilidade pelo desenvolvimento e pela aparência do corpo diretamente nas mãos do seu proprietário". Junto a esse poder disciplinar e esse investimento do indivíduo sobre seu corpo através das dietas, cresce a oferta de produtos no mercado alimentício. Assim como cresce o número de livros de receitas, de especialidades médicas e de guias e manuais, como pode ser caracterizada a revista *Boa Forma*, sempre atenta às ofertas de produtos industrializados para auxiliar os sujeitos a fazerem escolhas mais adequadas, como deixa transparecer este excerto extraído da revista em 2000: "dieta instantânea: já que a gente vive correndo, que tal um cardápio encontrado no restaurante por quilo, no supermercado e na padaria? [...] os pratos do jantar são semi-prontos, rápidos e fáceis de preparar e os lanches podem ser levados na bolsa" (Penteado, 2000: 69).

Junto a essa diversidade de alimentos e dietas que se alteram e se atualizam com uma rapidez impressionante, surge a necessidade de saber escolher, de fazer opções adequadas, de comer o que é mais saudável, menos calórico, e ainda manter o sabor e o prazer de comer.

> O mundo cheio de possibilidades é como uma mesa de bufê com tantos pratos deliciosos que nem o mais dedicado comensal poderia esperar provar de todos. Os comensais são consumidores, e a mais custosa e irritante das tarefas que se pode pôr diante de um consumidor é a necessidade de estabelecer prioridades [...]. A infelicidade dos consumidores deriva do excesso e não da falta de escolha (Bauman, 2001: 75).

Para fazer essas escolhas "adequadas", o consumidor conta, então, com uma infinidade de guias, de revistas especializadas, de especialistas, etc. É nesse espaço, como guia das condutas e escolhas femininas, que a revista se estabelece e conquista sempre mais adeptas. Mas, ao olhar para outros materiais publicitários com significativa circulação nacional, percebe-se que, assim como a *Boa Forma*, outras revistas, consideradas não especializadas no tema, também dedicam grande importância ao tratamento do corpo, principalmente o feminino. A revista *Veja*, de 26 de novembro de 2001, traz em manchete de capa "A ciência da boa forma. Depois de anos de estudos sobre o efeito da ginástica, os especialistas ensinam como melhorar o corpo em poucos meses".

A imagem da capa apresenta apenas o tronco de uma mulher de corpo escultural. É comum em matérias desse tipo que o rosto da modelo não seja mostrado; é como se a individualidade/identidade da pessoa da foto, que é marcada também no rosto, não tivesse importância nesse contexto. O que realmente faz diferença ou tem significado são os contornos deste corpo que apresenta características que são indicadas e desejáveis a todos os corpos femininos. Na reportagem aparecem informações sobre as partes do corpo que devem ser "trabalhadas", a forma como são denominadas estas partes, o tipo de exercício mais adequado a cada uma delas, a freqüência de repetições na semana e o número de movimentos. A revista oferece um teste para saber se a pessoa está ou não em forma, alerta sobre as "bombas" - o consumo desenfreado de anabolizantes - e oferece uma "receita para entrar em forma rápido", garantindo que, "graças aos avanços nos estudos sobre exercícios físicos, é possível perder peso e ganhar músculos em poucos meses" (Buchalla, 2001: 126). Todas estas informações e receitas são disponibilizadas ao/a leitor/a em oito páginas, em uma visível tentativa de dar conta do que é o corpo, mostrando a urgência em conformar-se e adaptar-se aos padrões sempre cambiantes, em uma atitude sempre alerta e flexível.

Quatro meses depois, a revista *Veja* traz novamente os cuidados com o corpo como tema de capa, mas desta vez alerta contra os exageros da plástica: "Os avanços da cirurgia estética são incríveis, mas é preciso evitar excessos" (*Veja*, 6 de março, 2002). Mesmo assim, a matéria afirma que esse é um mercado em expansão e que, durante a edição do Plano Real (de 1994 até 2001), o número de cirurgias plásticas no Brasil cresceu 250%, segundo a Sociedade Brasileira de Cirurgia Plástica. Em contraposição ao tom fatalista da revista *Veja*, a revista *IstoÉ* de 8 de maio de 2002 anuncia:

> Outono/inverno. A hora de cuidar do corpo. O período entre maio e setembro é o mais indicado para os cuidados com a estética. Conheça as principais técnicas para melhorar a pele e aperfeiçoar as formas. Fique em dia com os lançamentos da indústria. Aprenda a comer bem nos meses frios que se aproximam (Pereira, 2002).

Nessa reportagem, as dicas vão desde sugestões para a dieta de inverno e de novidades em produtos nas prateleiras até a indicação de intervenções leves como *peeling*, remoção de pêlos, tratamento para celulite, massagens e intervenções cirúrgicas mais invasivas, como lipoaspiração, implante de silicone em seios e nádegas, correção do nariz, etc., incluindo indicação, tempo de recuperação, preço e como se corrige o problema.

Acredito, junto com diversos autores/as (Mira, 2001; Giddens, 1993; Bauman, 2001), que estes regimes disciplinares e de autocontrole – oferecidos pela medicina e pelas múltiplas tecnologias e alardeados pela mídia – vão constituindo novos estilos de vida e algumas das escolhas cotidianas; "o corpo integra-se à narrativa da auto-identidade, sendo o seu aspecto visível" (Mira, 2001: 191). As matérias apresentadas mostram que a obsessão por medidas corporais cada vez mais universais tornam a dieta alimentar e suas restrições calóricas insuficientes para atingir esse corpo, a cada momento mais normatizado e homogeneizado. Em função disso, cresce o número de cirurgias plásticas para corrigir aquilo que a dieta não é capaz de reverter, como indicam os números do "Caderno Vida" do *Jornal Zero Hora* de 29/03/2003. Só no ano de 2001 foram realizadas 360 mil cirurgias plásticas, sendo que 50% delas foram cirurgias estéticas realizadas 70% por mulheres e, ainda, 40% deste total foram de lipoaspiração. Isso nos dá uma idéia do quanto a preocupação com a balança e a gordura localizada se fazem presentes na vida das pessoas de todas as idades. Afirmo isto porque 14% das cirurgias estéticas e reparadoras foram feitas em adolescentes. "O Brasil é o segundo país onde mais se faz plásticas" (Camargo & Rocha, 2003: 4).

Ana Márcia Silva (2001: 13) aponta que houve, nos anos 80, uma diminuição nas silhuetas femininas de, aproximadamente, 2,5cm. O que justifica o aumento de cirurgias plásticas realizadas no Brasil e em outro países do mundo nos últimos dez anos. De acordo com autora, o "tal padrão de beleza que era, sobretudo, ocidental, tende a se universalizar a partir dos meios de comunicação de massa, levando ao rompimento das tradições culturais em sociedades que, em princípio, apresentavam outras especificidades" (Silva, 2001: 13), como tem ocorrido no Japão, onde as mulheres têm-se submetido a intervenções para diminuir o tamanho das pálpebras, ocidentalizando a fisionomia.

Enfim, percebe-se que a promoção do que é hoje tomado como saúde, como cuidados com o corpo e concomitante à insatisfação do ser humano passa, necessariamente, primeiro, por uma mudança de hábitos alimentares, pela reeducação e pelo número sem fim de dietas. A insatisfação, argumenta Silva (2001: 14), leva a disposições incisivas sobre o corpo como "cirurgias plásticas, as mais variadas dietas, as diferentes ginásticas cada vez mais especializadas em modelar milimetricamente o corpo humano, além da ingestão de medicamentos e produtos químicos com a mesma finalidade". No entanto, como é enfatizado na revista *Boa Forma*, todos os cuidados devem caminhar junto com o prazer e a praticidade: "dá para emagrecer, sim, comendo tudo o que você está acostumada e gosta" (Penteado, 2001a: 79).

Edvaldo Souza Couto apresenta o argumento de que "o prazer de comer é aliado à publicidade dos alimentos *diet*" (2001: 48). Isso reforça meu argumento de que dieta e prazer no passado eram relações impossíveis, quando comer de tudo e comer muito era signo de *status* e fartura, indicando a classe social dos indivíduos. Hoje, ao contrário, comer muito é sinônimo de falta de cuidado, de descontrole; dieta e prazer "fazem agora parte da mesma estratégia. Valoriza-se socialmente não a privação, a austeridade, mas a sabedoria em combinar os alimentos corretamente, em aproveitar o máximo do seu poder nutritivo e energético" (*idem*).

Os alimentos das dietas oferecidas no "Desafio de verão" são todos apresentados em fotos grandes, bem cuidadas, com cores vibrantes e ornamentos modernos: copos em formatos diferentes, jogos americanos criativos, guardanapos de tecido floral, louças diferenciadas, tudo de um aparente bom gosto.

A cor, o brilho e a visível abundância e fartura dos alimentos, nas fotografias, devem ser capazes de despertar em qualquer um/a o desejo de fazer a dieta, já que a imagem busca mostrar-se como totalmente real. Com este recurso visual, a revista insiste em dizer que seguir o programa não é tão ruim ou tão difícil como imaginávamos. Berger diz que "a publicidade é eficaz precisamente porque se alimenta do real. A publicidade começa por operar sobre um apetite natural pelo prazer" (1999: 134). As imagens não podem oferecer o prazer "verdadeiro", mas devem tornar possíveis a veiculação de uma idéia de prazer, o que é possibilitado pela tecnologia fotográfica que consegue reproduzir a textura, o brilho, a cor, a palpabilidade do alimento. As imagens da mídia pretendem-se "extremamente táteis, para jogar com o sentimento que o espectador [leitora] experimenta de adquirir [consumir] a coisa *real* que a imagem mostra" (Berger, 1999: 142 - Destaques meus). A idéia que a leitora tem de quase poder tocar os alimentos que estão representados na imagem faz com que pense que poderia realmente seguir a dieta obtendo aqueles produtos e, junto com eles, os resultados indicados.

Finalizando

As artes, as ciências, as tecnologias e a mídia de um modo geral (cinema, TV, música, revista...) são consideradas instâncias de produção do corpo porque desenvolvem uma pedagogia voltada para a educação dos corpos de homens e mulheres, de jovens e velhos/as, de brancos/as e negros/as. Estes aparatos preocupam-se em ensinar modos mais "adequados" de viver a vida. Entendo que estas instâncias educam, disciplinam e regulam os corpos como qualquer outra instância educativa e são, por isso, concebidas como Pedagogias Culturais.

Os ensinamentos produzidos e reproduzidos pelas instâncias midiáticas conformam determinados tipos de corpos como "ideais". Assim, as pessoas passam a vida inteira buscando alcançar este corpo "modelo", mas ele sempre escapa porque nunca é o mesmo. As representações em torno dele alteram-se, modificam-se de acordo com referenciais históricos e culturais. Do mesmo modo, os conhecimentos que a mídia apresenta como "verdadeiros" também são modificados de acordo com interesses econômicos, políticos e sociais.

Inevitavelmente, tais representações de corpo veiculadas na mídia vão se fazer re-apresentadas em todos os espaços que os sujeitos se desdobram: no trabalho, na família, na escola. As diversas representações de corpo da mídia vão se conflituar, articular ou simplesmente conviver com outras representações de corpo veiculadas nos espaços de convivência dos sujeitos. São as roupas da moda, a nova cor de cabelo, as tatuagens, os *piercings*, o corpo "sarado", a "malhação" em academias, a dieta da moda (das proteínas, da lua, das frutas, etc.), o tipo de linguagem, os lugares mais adequados, a camisinha, a comida do *fast food*, a música do momento, a capa do caderno, a estampa da camiseta, enfim, há um mundo na cultura de *commodities* capaz de identificar, de tornar visíveis os grupos de acordo com as escolhas que cada um faz, marcando no corpo as pertenças, os lugares que ocupamos, as identidades que construímos.

Concluo dizendo que os discursos das revistas femininas estão envoltos em relações de poder, poder de regular as condutas, de dizer como agir, o que comer, que atividades físicas praticar, em que horário e local, que roupas estão na moda, etc. Esses discursos produzem

> [...] subjetividades que aprendem o desejo de aprender (a ser bela, a estar na moda, a ser sensual, a ser "uma pequena mulher" [quem sabe uma grande mulher] e, ao mesmo tempo, a saber se comportar em qualquer situação e a se conduzir moralmente). [...] Essa máquina produtiva de desejos, que inclui a família, a escola, a mídia, a religião, etc., perpassa, atualmente, todos os segmentos da população [...] (Dornelles, 2002: 167 - Acréscimos meus).

Isto aponta o quanto a relação das mulheres e jovens com seu corpo continua em evidência, não só na revista como em muitos outros segmentos; indicando sempre a responsabilização do feminino sobre seu corpo, entendido como um exercício de poder sobre si mesma, como controle e como cuidado de si, o que significa investir, sempre.

Assumi, na análise da revista *Boa Forma*, que esta se coloca como guia das suas leitoras. Isto é, possui a pretensão de orientar as mulheres em suas escolhas, determinar o que é mais adequado a cada uma, bem como indicar os limites destas escolhas. Afirmei, na escrita do texto, que a revista, ao se apresentar como guia, pretende direcionar, governar e servir de regra a fim de estimular o autodisciplinamento, o autocontrole. A revista funciona, então, como um guia norteador das condutas femininas, estimulando o treinamento e a educação do corpo em cada uma das suas prescrições.

Infiro, à vista disso, o quão recorrentes são as estratégias que agem sobre o corpo feminino e as representações produzidas em torno dele na mídia de um modo mais amplo, e não apenas na revista *Boa Forma*. Através dos exemplos aqui apresentados, é possível pensar em construção de corpos femininos de modo mais abrangente, à medida que as análises aqui empreendidas podem ser observadas em outros aparatos culturais que não especificamente aqueles voltados para o público feminino, mas que se autorizam a falar sobre ele e, especialmente, repetem muitas das representações de corpo que analisei na revista *Boa Forma*.

Referências bibliográficas

BAUMAN, Zygmunt (2001). *Modernidade líquida*. Rio de Janeiro: Zahar.

BERGER, John (1999). *Modos de ver*. Rio de Janeiro: Rocco.

BUCHALLA, Anna Paula (2001). Receita para entrar em forma rápido. *Veja*, vol. 34, n. 47, nov., p. 126-133. São Paulo: Abril.

CAMARGO, Leoleli & ROCHA, Patrícia (2003). Espelho, espelho meu – A cirurgia estética pode garantir pessoas felizes e com auto-estima? *Zero Hora*, Caderno Vida, 29/03, p. 4-5. Porto Alegre.

CORAZZA, Sandra (1996). Labirintos da pesquisa, diante dos ferrolhos. *In*: COSTA, Marisa Vorraber (org.). *Caminhos investigativos*. Porto Alegre: Mediação.

COUTO, Edvaldo Souza (2001). Estética corporal e protecionismo técnico nas culturas higienista e desportiva. *In*: GRANDO, José Carlos. *A (des)construção do corpo*. Blumenau: Edifurb.

DORNELLES, Leni Vieira (2002). *Meninas no papel*. Porto Alegre: UFRGS [Tese de doutorado em Educação].

GIDDENS, Anthony (1993). *A transformação da intimidade*. São Paulo: Unesp.

GIROUX, Henry & McLAREN, Peter L. (1995). Por uma pedagogia crítica da representação. *In*: SILVA, Tomaz Tadeu da & MOREIRA, Antônio Flávio (org.). *Territórios contestados – O currículo e os novos mapas políticos e culturais*. Petrópolis: Vozes.

MEYER, Dagmar E. Estermann (2000). *Identidades traduzidas – cultura e docência teuto-brasileiro-evangélica no Rio Grande do Sul*. Santa Cruz do Sul: Sinodal/Edunisc.

MIRA, Maria Celeste (2001). *O leitor e a banca de revistas – A segmentação da cultura no século XX*. São Paulo: Olho d'Água/Fapesp.

PENTEADO, Olga (2000a). Desafio de verão. *Boa Forma*, vol. 15, n. 10, out., p. 62-71. São Paulo: Abril.

— (2000b). Desafio de verão. *Boa Forma*, vol. 15, n. 12, dez., p. 78-87. São Paulo: Abril.

— (2001). Desafio de verão. *Boa Forma*, vol. 16, n. 10, out., p. 94-103. São Paulo: Abril.

PEREIRA, Cilene & CASTELLÓN, Lena (2002). A temporada da transformação. *IstoÉ* n. 1701, mai., p. 68-74. São Paulo.

SILVA, Ana Márcia (2001). O corpo do mundo – Algumas reflexões acerca da expectativa de corpo atual. *In*: GRANDO, José Carlos. *A (des)construção do corpo*. Blumenau: Edifurb.

SILVA, Tomaz Tadeu da (1999). *O currículo como fetiche – A poética e a política do texto curricular*. Belo Horizonte: Autêntica.

STEINBERG, Shirley R. (2001). Sem segredos – Cultura infantil, saturação de informação e infância pós-moderna. *In*: STEINBERG, Shirley R. & KINCHELOE, Joe. *Cultura Infantil – A construção corporativa da infância*. Rio de Janeiro: Civilização Brasileira.

9

A revista *Capricho* e a produção de corpos adolescentes femininos*

Vivemos um momento em que o culto ao corpo se tornou quase uma obrigação. Esta primeira afirmação nos remete a pensar que, ao longo da história da humanidade, nunca se tenha falado e vivido tão plenamente o "desnudar" dos corpos como hoje. Os corpos não só se tornaram mais visíveis como foram, também, objetos de investigação. Sobre eles se criam imagens, discursos, formas de admirá-los, de negá-los, de representá-los.

Pensando na nossa cultura, não é nada difícil observarmos as constantes imagens de corpos que nos são constantemente apresentadas e, também, ditas. Nas passarelas da moda, no teatro, na dança, nos esportes, nas revistas, na venda de objetos pela publicidade, nas novelas e programas de televisão, nos filmes, nas ruas, parques e academias, o corpo, ao mesmo tempo que se exibe e é exibido, torna-se também objeto de diferentes anseios e desejos.

---

* Este texto é decorrente da minha dissertação de mestrado intitulada "Representações de corpo feminino adolescente na revista *Capricho*: saúde, beleza e moda", defendida em maio de 2003 no Programa de Pós-Graduação em Ciências do Movimento Humano, da Escola de Educação Física da UFRGS, dentro da Linha Representações Sociais do Movimento Humano, sob orientação da Profa.-dra. Silvana Vilodre Goellner.

Um olhar apressado sobre esta moderna obsessão ao corpo parece indicar que, após períodos de menor visibilidade, este conquistou um lugar de destaque. No entanto, se recorremos à história podemos observar que são seculares as intervenções que nele se operam em diferentes tempos e lugares: das pinturas corporais à cosmetologia, das tatuagens e escarificações aos *piercings* e à *body-modification*, do sedentarismo à valorização da performance esportiva, das mutilações sexuais às cirurgias plásticas, por exemplo. Intervenções como estas e tantas outras que hoje se operam no corpo não podem ser observadas como resultantes de uma tendência das sociedades contemporâneas. Alterar, aperfeiçoar, punir, embelezar, cuidar do corpo são práticas recorrentes na história da humanidade e expressam diferentes valores culturais.

Esta profusão de informações interpelam[1] diferentes sujeitos de diferentes formas provocando o despontar de várias e sutis questões relacionadas ao seu corpo, sua aparência e comportamento: mudar ou não seu estilo de vida? Fazer ou não uma dieta balanceada? Recorrer ou não às cirurgias estéticas? Manter ou modificar seu corpo?

Perguntas como estas povoam não apenas o imaginário de diferentes homens e mulheres, mas estão estampadas em diferentes locais urbanos: na mídia televisiva, nos jornais e revistas, nos *out-doors* que recheiam com imagens as ruas das cidades. Pensar o próprio corpo é pensar a si mesmo, a identidade de cada um de nós. Afinal, nesta sociedade onde o corpo adquiriu grande evidência, como não deixar de notá-lo?

Diante dessa constante indagação, especulação e exposição do corpo, cabe perguntar: será que essa permanente visibilidade do corpo e a profusão de intervenções que sobre ele se operam, ao mesmo tempo que lhe possibilitam diferentes liberda-

---

1. O verbo interpelar é entendido, aqui, como a identificação do indivíduo no discurso de outro. Quando afirmo que o indivíduo é interpelado pela mídia estou dizendo que ele se identificou com tal discurso de forma a dele tornar-se sujeito (Pinto, 1989).

des também não estariam criando um sistema de valores, elaborando diferentes estratégias de autocontrole que acabam também por limitá-lo? Não estaríamos, a todo momento, afirmando que é preciso estar atento ao corpo?

Enfim, não são poucas as estratégias e os discursos[2] elaborados e divulgados em nome do culto ao corpo dirigindo-se, por exemplo, à valorização da eterna juventude, à associação da saúde com a beleza e desta com a felicidade. Ter um corpo perfeito, trabalhado, esculpido à imagem e semelhança do desejo de cada um/a é uma tendência que vem se firmando, fazendo parecer serem normais, inerentes, essenciais, portanto, "naturais" do viver a identidade contemporânea. Já não basta apenas ser saudável: há que ser belo, jovem, estar na moda e ser ativo. Há que ter um estilo criado e valorizado consoante às possibilidades e às informações disponíveis a quem quiser acessá-las. A opção é individual e depende do esforço, da dedicação, da disciplina e dos cuidados de cada um/a para construí-lo.

Pensar o corpo assim é pensá-lo como um constructo cultural; é, enfim, compreendê-lo situado no tempo onde vive. É percebê-lo não apenas vinculado a sua natureza biológica, mas construído também na e pela cultura. É perceber sua provisoriedade e as infinitas possibilidades de modificá-lo, aperfeiçoá-lo, significá-lo e ressignificá-lo. É, sobretudo, entender que sua construção é constantemente atravessada por diferentes marcadores sociais como, por exemplo, raça, gênero, geração, classe social e sexualidade.

Por entender que o corpo se constrói a partir de seus elementos biológicos e da sua inserção na cultura tematizo, neste texto, a construção do corpo adolescente feminino contemporâneo,

---

2. A palavra discurso é aqui tomada no sentido atribuído por Michel Foucault e refere-se ao conjunto de enunciados de um determinado saber. Ou seja, trata-se de um campo de saberes articulados entre si, constituído historicamente em meio a disputas de poder. O discurso é, portanto, "um conjunto de enunciados que se apóiam em um mesmo sistema de formação" (Foucault, 1995: 124).

tendo como *corpus* de análise a *Revista Capricho*[3], periódico quinzenal que circula em todo o território nacional e que fala dos cuidados com o corpo, dando ênfase à atividade física, à beleza e à moda.

A opção por este produto cultural se justifica porque identifico na *Capricho* a existência de uma pedagogia que, de certa forma, está educando adolescentes no que diz respeito à construção de seu corpo[4]. Ou seja, como uma instância pedagógica, esta revista produz conhecimentos e saberes sobre o corpo, pois figuram nas suas páginas vários conselhos e recomendações que apontam caminhos e atitudes a serem seguidos, depoimentos de personalidades consideradas como exemplos, anúncios que vendem distintos produtos específicos... enfim, nas suas páginas ensina-se como ser uma adolescente bonita, atraente e moderna.

Observando a *Capricho* é possível identificar que lá estão estampadas diferentes representações de corpo. Suas páginas mostram que, na sociedade contemporânea, o corpo é o local de construção das identidades, pois nele se inscrevem marcas que falam às garotas e que, ao mesmo tempo, as posicionam em relação a si mesmas, aos outros/as, ao mundo onde vivem. Cabe ressaltar: estas representações não são apenas veiculadas pela revista, mas também são nela produzidas através dos diferentes saberes que circulam nos textos e imagens que falam de diferentes práticas sociais como, por exemplo, as de embelezamen-

3. Criada em 1952, a *Capricho* é considerada a primeira revista feminina dirigida ao público adolescente. Sua tiragem atual é de 250 mil exemplares por edição sendo que mais de 60 mil se destinam aos assinantes e 120 mil são vendidos em bancas e supermercados. Uma importante informação é a de que, na atualidade, 60% das páginas da *Capricho* são destinadas a editoriais e reportagens enquanto 40% são para publicidade. Por centrar a discussão deste texto na produção do corpo adolescente feminino contemporâneo, minha análise está referida em todas as edições da *Capricho* publicadas nos anos de 2001 e 2002 totalizando, portanto, 48 edições e 4 encartes.

4. Os referenciais teóricos que subsidiam este texto estão ancorados nos campos investigativos dos Estudos Culturais e História do Corpo, em especial, naqueles autores/autoras que analisam as relações que se estabelecem entre história, corpo, cultura, conhecimento e poder.

to, de condicionamento físico e de saúde. Práticas estas que produzem efeitos e instituem verdades, excluindo e incluindo, em diferentes locais sociais, corpos, sujeitos e grupos.

Essa afirmação faz ver que a *Capricho* é, junto a tantas outras, uma instância a constituir identidades adolescentes. Digo constituir porque, à luz do campo de estudos em que estou me situando, é possível afirmar que não há uma identidade adolescente feminina fixa. Ela é criada e representada de diferentes formas, em diferentes grupos sociais, religiões, etnias, etc. Em outras palavras, podemos pensar que o tempo vivido pelas garotas e o tempo que elas provavelmente ainda viverão são também aprendidos nas representações que são produzidas sobre seus corpos. Afirmo, portanto, que a adolescência não se limita a uma faixa etária, nem mesmo apresenta um jeito universal de ser, ainda que possa ser representada na maioria das vezes como uma fase da vida onde não se é mais criança e nem se chegou à vida adulta.

Com relação à *Capricho* é possível verificar que ela se propõe a informar[5] a menina sobre tudo o que ela deve saber para se considerar uma adolescente de seu tempo, sendo que a adolescente para quem e de quem fala é a branca, de classe média e heterossexual. São garotas para quem os rumores sobre o viver a adolescência já se iniciam na família, na escola, nos grupos de amigos, nos clubes e em diferentes espaços de convivência social e para as quais são endereçadas[6] mensagens prescritivas a produzir um determinado modo de conceber o seu corpo.

---

5. Sempre que me referir à fala da *Capricho* estou me referindo à fala das pessoas que conformam seu corpo editorial visto que a *Capricho* não é uma entidade abstrata, um algo em si.

6. Relativo a modos de endereçamento, termo cunhado por Elizabeth Ellsworth que trabalha com este conceito no cinema e na televisão, afirmando que estes modos constituem estratégias bastante complexas de interpelar alguém, um certo público, como se literalmente assim acenasse: "Ei, você, veja o que fiz para você, exatamente para você!" São estratégias que não se produzem de uma hora para outra. Elas têm uma longa história de "educação" dos espectadores, de formação de um público (Fischer, 2001b: 78-79).

É pertinente afirmar que a *Capricho* toma para si um importante papel pedagógico, pois está freqüentemente ensinando algo às leitoras, desde os editoriais de moda que mostram que roupas usar até os vários programas de atividades física recomendados por profissionais e artistas, acompanhados de orientações de dietas alimentares e dicas de beleza e comportamento. Estes saberes a serem ensinados aparecem de diferentes formas nas diferentes seções da revista, nos editoriais, nas reportagens, nas imagens que publica e também naquelas que deixa de publicar. São textos e imagens que estão não apenas orientando, acompanhando e informando as leitoras sobre os usos do seu corpo, mas estão, sobretudo, produzindo esse corpo.

Não podemos esquecer que o corpo está sempre mergulhado em campo político onde as relações de poder têm alcance imediato sobre ele, elas o investem, o marcam, o dirigem, o suplicam, sujeitam-no a trabalhos, obrigam-no a cerimônias, exigem-lhes sinais. Há aqui um saber sobre o corpo que não é exatamente a ciência de seu funcionamento, mas do controle de suas forças e este saber e este controle constituem o que se poderia chamar a tecnologia política do corpo (Foucault, 1988). Tecnologia esta que se encontra presente nas páginas da *Capricho* – não só nelas – e em diferentes instituições da vida cotidiana, "educando" o corpo: seu jeito de ser, se comportar, vestir, andar, aparentar, etc.

A produção do corpo é, portanto, um dos temas recorrentes no *corpus* da *Capricho* referindo-se, fundamentalmente, aos cuidados necessários para fazer do corpo adolescente feminino contemporâneo um corpo belo, atraente, saudável, atual. As *top models*, por exemplo, são referências a falar da beleza: são exibidas de forma a revelar silhuetas longilíneas, falar de suas preferências estéticas, "glamourizar" um estilo de vida, despertar sonhos e vontades cuja centralidade na estética pressupõe uma atitude já naturalizada de que o interesse primeiro que todas as garotas sustentam se refere ao cuidado com sua aparência. Cuidado este que, na revista, é complementado pelos anunciantes da indústria da moda e da cosmetologia, parceiros imprescindíveis na conquista do idealizado *look*[7]. Estes discursos, aliados a outros presentes na *Capricho* aparecem, em última instância, muito bem articulados aliando a mensagem publicitária à lógica do consumo e, por conseguinte, seduzindo as garotas, em especial aquelas que querem estar atualizadas sobre o "mundo jovem". Especificamente, em relação a sua aparência, vão sendo apresentadas estratégias para atender não só a um determinado padrão de beleza, mas a uma permanente busca de se ter/ser um *look* entendido aqui como uma imagem individualizada e instantânea que deve tornar-se visível. Nas palavras de Baudrillard (2000: 22), "no es: yo existo, estoy ahí, sino: soy visible, soy imagen, look, look!"

Dito assim, o *look* que a *Capricho* valoriza parece não ser apenas o de um corpo saudável mas, ainda, uma forma publicitária e instantânea, uma performance, como bem demonstra Beatriz Sarlo (2000), ao analisar as formas através das quais o consumo vem adquirindo tamanha centralidade na cultura contemporânea. Para esta autora, a cultura do consumo gera novas aprendizagens de forma a fazer com que aprendamos um modo publicitário de falar, de vestir e de pensar, e, também, nos reconheçamos através de uma estética publicitária que se localiza para além da venda de produtos, pois também é uma pedagogia que nos ensina valores.

Isto é, a *Capricho* produz ensinamentos sobre a estética dos corpos cujas decisões cotidianas não são feitas necessariamente de forma livre e racional. "Em vez disso, elas são codificadas e inscritas por compromissos emocionais e corporais relacionados à produção do desejo e do afeto, os quais levam, de acordo com a famosa frase de Noam Chomsky, à "fabricação do consentimento" (Steinberg, 1997: 112). Consentimento este que pa-

---

7. *Look* – do inglês (olhar). É o estilo, a aparência final, resultado total da composição de roupas, acessórios, maquiagem, cabelo e que se percebe em uma única "olhada". No Brasil, equivale a visual (Kalil, 1997).

rece ser aceito por diferentes produções culturais endereçadas à mulher quando tem como tema a construção do seu corpo exercendo, por fim, uma forma, talvez sutil, de controle sobre o corpo feminino.

Não há dúvida de que os textos e as imagens produzidos e veiculados nas páginas da *Capricho* sobre o corpo adolescente ensinam, educam, colocam em ação suas verdades, definindo ainda como é esse corpo. Através de suas centenas de páginas, identifiquei que alguns temas são recorrentes e a todo momento são repetidos e destacados, sob diferentes formas e estratégias. A temática da beleza que se confunde com saúde; a atividade física como um espaço privilegiado de construção do corpo; a constante referência à moda como uma entidade a balizar a aparência e evidenciar comportamentos e a ênfase ao *look*, como uma maneira de garantir um estilo pessoal e único. São inúmeros os editoriais, as reportagens e artigos a dizer o que é ser adolescente, como são inúmeras, também, as imagens a mostrar atitudes e corpos que não apenas são mas retratam e produzem um jeito adolescente de ser.

Com relação à saúde, a *Capricho* elege estratégias voltadas para a divulgação de práticas de promoção de saúde e qualidade de vida, principalmente nas seções que falam da atividade física e da relação destas com o gerenciamento do corpo. Ao mesmo tempo que fala às meninas sobre os cremes da cútis e do cabelo, da roupa e dos acessórios como ingredientes do embelezamento, fala também da necessidade de cultivar uma disciplina "atlética" na medida em que o desejo seja o de construir e sustentar um corpo sarado.

Uma das ênfases privilegiadas pela *Capricho* no que respeita ao cuidado para com o corpo e com a saúde está direcionada para a realização de atividades físicas. O importante, diz a revista, não é apenas se movimentar objetivando a construção de um corpo saudável e esteticamente bonito, mas ainda adotar um estilo de vida. Mas não é qualquer estilo: o estilo promovido é o "atlético", produzido pela revista a partir da exposição de corpos de atletas de diferentes modalidades esportivas exibindo seus músculos trabalhados, sua performance atlética, o colorido de suas roupas, a sua determinação nos treinos, bem como corpos de pessoas famosas que cultivam esse estilo, aderindo a diferentes práticas corporais que lhes conferem definição da massa muscular, desenvolvimento da resistência e da força, assim como tantas outras qualidades e habilidades quanto lhes forem exigidas para tal.

Este estilo pressupõe uma ação constante sobre o corpo, cujo investimento a ser feito demanda rigor e disciplina, como por exemplo submeter-se a uma rotina que inclua um programa de exercícios físicos e uma dieta alimentar. Prescrições como estas não soam como uma novidade nas páginas da *Capricho*, elas estão por todos os lados, afinal, está muito presente em nosso cotidiano a solicitação para que voltemos a atenção para a urgência de aderir a um estilo de vida ativa, pois este é apresentado como um jeito de ser que seguramente irá prevenir os riscos de uma enfermidade que tenha as suas raízes no sedentarismo.

A ênfase no estilo atlético evidencia que cada garota deve aprender a cuidar da sua saúde, a se responsabilizar pelo seu embelezamento e pelo próprio bem-estar. Evidencia, sobretudo, a quase inexistência de fronteiras delimitadas a separar as representações de um corpo considerado bonito da de um corpo considerado saudável. Ou seja, saúde e beleza são apresentadas quase como sinônimos. Na valorização do jeito ativo de ser, a revista faz ver que cabe a cada garota cumprir com a sua parte, pois as informações estão disponibilizadas para quem delas quiser fazer uso. Aliás, essa é uma função que a própria revista clama para si ao afirmar que sua missão “é informar, emocionar, divertir, apoiar e orientar a menina enquanto ela caminha para o mundo dos adultos” (Miranda, 2002: 1).

Formar a adolescente feminina é, também, ensiná-la a perceber que o sucesso e a responsabilidade para viabilizar e concretizar o empreendimento de construir um corpo aceito e valorizado pelos padrões culturais de seu tempo vai depender de seu esforço pessoal. De sua vontade, disciplina e autocontrole e determinação. Enfim, conhecidas todas as ferramentas para esculpi-lo o resultado vai depender dela. Só dela.

De todas as práticas auto-reguladoras destinadas à aquisição da beleza, a alimentação talvez seja aquela onde a revista acredita residir o grande desafio, visto que a todo momento nos são apresentadas milhares de possibilidades de consumo de alimentos. Resistir a eles é mesmo uma provação, proclama a *Capricho*, e por assim entender não mede esforços para educar as garotas a não sucumbir às tentações, utilizando-se, para tanto, de diferentes estratégias e abordagens. Chama a atenção o volume de textos e imagens que fornecem dicas, recomendações, conselhos sobre como cuidar do corpo tendo como objetivo torná-lo magro, destituí-lo de gordura e mantê-lo "em forma." É latente a mensagem dirigida à leitora cuja ênfase está no que Claude Fischler (1995) denomina de "lipofobia", ou seja, uma obsessão pela magreza e uma quase maníaca rejeição à obesidade.

Cabe ressaltar que a *Capricho* educa pelo que exibe e também pelo que silencia. Não só não aparecem garotas obesas ou corpulentas nas suas páginas como também a ênfase conferida pela revista está centrada no incentivo à perda de peso, à adesão a diferentes dietas fazendo com que o controle da alimentação faça parte do controle de corpo adolescente feminino e, por que não dizer, de seus gestos, atitudes, comportamentos e identidades. Nesse sentido é possível afirmar que as opções disponibilizadas às meninas são aquelas que suas páginas oferecem como sendo opções e estas direcionam-se para a escolha das atividades físicas a serem feitas, dos alimentos a serem consumidos ou evitados, das formas de controlar o peso, das tabelas através das quais vai se identificar, dos modelos a inspirar a construção de seu corpo. A revista não coloca em questão o imperativo da magreza e o silenciamento do corpo farto é revelador disto. Ou seja, o corpo "obeso", "gordo", "opulento", "fofo" ou qualquer denominação que apresentar não aparece nas suas páginas, no entanto é dele que se fala o tempo todo: o corpo antítese do que se quer afirmar.

O silenciamento dos corpos obesos e a recorrência à necessidade de esculpir os detalhes dos segmentos corporais acabam por produzir um olhar sobre o corpo feminino onde a forma anatômica de determinadas partes, em especial barriga, coxas, nádegas e braços, quando não identificadas consoante às representações do que seja "belo", são vistas como "anomalias" que exigem uma intervenção imediata voltada para a sua correção. Estas partes e algumas manifestações corporais que a *Capricho* nomeia como "defeitos" (rugas, espinhas, celulite, gordura, estria, etc.) parecem ser escrutinadas de forma a fazer com que as mulheres, de uma forma geral, possuam uma certa frustração com seus corpos visto que, se não todas, praticamente todas, têm em si algo diferente do que o corpo publicitário mostra e vende. O que se representa como um defeito a ser corrigido nada mais é do que o humano que habita cada corpo, sua materialidade, sua conformação anatômica, muitas vezes modificada em função de critérios estéticos construídos a partir de padrões até impossíveis de realizar. Essa insatisfação, de certo modo, parece enredar a mulher nas teias da beleza cuja permanência nessa rede se dá não pelo "fato de a mulher desejar cuidar de si e da sua aparência, mas porque as representações que este mito cria [...] faz com que ela se sinta invisível ou incorreta se não atingir os padrões estipulados para seu tempo" (Goellner, 2001: 56).

Enredada no mito do embelezamento feminino, a *Capricho*, ao mesmo tempo que faz circular representações de beleza, que transgridem aos modelos instituídos estimulando a invenção do estilo próprio e único, veicula, também, outras representações conferindo grande visibilidade ao que se convencionou chamar de um corpo bem delineado, ou seja, harmônico nas suas medidas cujas desarmonias necessitam de conserto e disfarce, seja pela prática de atividade física e pela restrição alimentar seja pela utilização de recursos advindos do campo da moda: roupas e acessórios que, quando bem utilizados, podem otimizar a aparência.

Enfim, o corpo adolescente que veicula e produz suas páginas é um corpo comum não porque pode ser visualizado na maioria das garotas para quem fala, mas porque é um corpo moldado de forma a apagar diferentes individualidades cuja beleza está, sobretudo, na aparência do que, de forma imediata, se vê. O corpo culturalmente produzido pela *Capricho* é aquele que, ao ser visto, sustenta um *look*. Um *look* produzido pelas suas páginas e para o qual a garota deve investir diferenciados esforços seja na aquisição de um jeito atlético e saudável de ser, seja na valorização da magreza e, ainda, na composição de um estilo baseado nos *hits* da moda.

Referências bibliográficas

BAUDRILLARD, Jean (2000). *Pantalla total*. Barcelona: Anagrama.

FISCHLER, Claude (1995). Obeso benigno e obeso maligno. *In*: SANT'ANNA, Denise Bernuzzi (org.). *Políticas do corpo*. São Paulo: Estação Liberdade.

FOUCAULT, Michel (1995). *Arqueologia do saber*. Rio de Janeiro: Forense Univ.

— (1998). *História da sexualidade - 1: Vontade de saber*. Rio de Janeiro: Graal.

GOELLNER, Silvana V. (2001). Corpo erotizado, corpo banalizado – Representações da mulher na mídia televisiva. *Anais do III Encontro Enfoques Feministas e as Tradições Disciplinares*. Niterói: UFF, p. 13-15.

KALIL, Glória (1997). *Chic: um guia básico de moda e estilo*. São Paulo: Senac.

MIRANDA, Simone (2002). *Capricho*, 21/02. São Paulo [Atendimento ao leitor].

PINTO, Celi R.J. (1989). *Com a palavra o Senhor Presidente José Sarney ou como entender os meandros da linguagem do poder*. São Paulo: Hucitec.

SARLO, Beatriz (2000). *Cenas da vida pós-moderna: intelectuais, arte e videocultura na Argentina*. Rio de Janeiro: UFRJ.

STEINBERG, Shirley (1997). Kindercultura: a construção da infância pelas grandes corporações. *In*: SILVA, Luiz Heron *et al.* (orgs.). *Identidade social e a construção do conhecimento*. Porto Alegre: Secr. Mun. de Educação.

10

Fica Comigo Gay

O que um programa de TV ensina sobre uma sexualidade juvenil?*

Fernanda Lima: – Desde quando tu te assumiu?

Conrado: – Em 97 eu saí do armário, cada um tem sua fase [...].

F.L.: – Tu chegaste a namorar meninas?

C.: – Namorei bastante meninas.

F.L.: – E aí..., não gostou, pelo jeito.

C.: – Foi ótimo também. Na nossa sociedade a gente é criado para casar, ter filhos, construir a vida dentro de uma família, [...] só que aí vem o nosso gosto, não é isso que eu quero [...].

F.L.: – Como foram teus pais?

C.: – A princípio é um choque para todo mundo, mas [...] as pessoas que gostam de você te dão apoio independente do que você seja [...].

F.L.: – E quando você disse que ia vir no *Fica Comigo*?

C.: – Eu só falei para a minha mãe porque é a única pessoa que eu tenho que dar satisfação, é a pessoa

---

* Este trabalho se insere na linha de pesquisa Educação e Relações de Gênero do Programa de Pós-graduação em Educação da UFRGS, à qual a autora está vinculada como doutoranda.

que eu mais amo no mundo. Ela [...] sempre quis e ainda quer que eu seja feliz [...].

F.L.: - Pra ti ser feliz, que tipo de namorado tu quer arrumar aqui hoje?

C.: - Tem que ser uma pessoa muito legal, um cara inteligente, interessante, que me complete nos meus gostos, uma pessoa desencanada [...] [1].

Estes fragmentos integram a apresentação da versão *gay* do *Fica Comigo*[2], veiculada pela *MTV* em agosto de 2001. O programa *gay* gerou polêmica, audiência e debates sobre a sexualidade na mídia, o que parece ser o objetivo da emissora. Alguns consideraram essa iniciativa como de vanguarda; outros, como mais um passo na banalização das relações amorosas, que já vinha ocorrendo com o *Fica Comigo* heterossexual. A motivação para essa versão correspondeu à expressiva audiência *gay* da emissora, aliada ao seu estilo polêmico e ousado. A criação de uma versão voltada para o público homossexual já estava prevista desde o início do programa e, para concretizá-la, a *MTV* se associou a dois *sites* GLS[3] a fim de procurar candidatos com o perfil desejado (*Folha*..., 2001).

Escolhi especificamente esse programa como objeto de análise deste ensaio por ele ser um porta-voz da emissora no seu objetivo de provocar debates sobre as questões da vida atual. Outro motivo da escolha - talvez esse seja o principal - é que acredito que discutir e analisar detalhadamente tal programa pode servir

1. Trecho retirado do programa *Fica Comigo* da *MTV* gravado em agosto de 2001.

2. O *Fica Comigo*, "programa mais romântico da *MTV*", é apresentado pela VJ (*Video Jockey*) Fernanda Lima às 22h de segunda-feira, com diversas reprises durante a semana, desde sua estréia no dia 2 de outubro de 2000 (FICA... 2000). Destina-se a jovens que buscam, por meio da emissora, um/a namorado/a. O "querido" ou a "querida", como são denominados/as os que vão "descolar" um/a namorado/a, procuram pelo/a parceiro/a "ao vivo e a cores" no programa televisivo. Além desse/a participante e da apresentadora, fazem parte do programa quatro interessados/as em "ficar" com o/a querido/a, e a platéia.

3. GLS é uma sigla que corresponde a *gays*, lésbicas e simpatizantes.

para indicar como a *MTV* conceptualiza sexualidade na e para a juventude. Em função de que há processos pedagógicos em diversas instâncias, problematizo, por meio de tal programa, uma sexualidade da juventude contemporânea num determinado espaço educativo, a mídia. Com tal iniciativa, estaria a *MTV* desafiando as concepções mais estabelecidas de sexualidade? Seria a popularização de *gays* e lésbicas na mídia um indicativo de novos valores emergindo?

A *MTV* é uma emissora de tom irreverente e ousado, direcionada a jovens. Na sua programação, sintonizada com seu público-alvo, predominam *videoclipes*, entrevistas com artistas e programas sobre comportamentos sociais. O programa *Fica Comigo* pode ser um exemplo desse último tipo de programação, pois está ligado aos comportamentos sociais, tendo juventude e sexualidade como seu tema central. De qualquer modo, o programa *Fica Comigo* parece estar ajudando a instituir um tipo de jovem cuja sexualidade é central; assim, talvez seja possível afirmar que há uma pedagogia da sexualidade exercida sobre a juventude por esse programa. Mas como essa pedagogia se dirige aos jovens? Como um programa de TV pode nos ajudar a pensar sobre a sexualidade ou, mais especificamente, sobre a homossexualidade juvenil? A partir destas questões, este ensaio problematiza a conceptualização de uma sexualidade juvenil na mídia.

Juventude e sexualidade na MTV

A partir dos *insights* focaultianos, os postulados da heterossexualidade como uma condição uniforme e um significado essencial deram lugar à noção de que a sexualidade varia consideravelmente tanto no interior das sociedades como entre elas. Foucault defende que a heterossexualidade e a oposição entre ela e a homossexualidade são construções recentes constituídas no contexto do Iluminismo. O homossexual é, para Foucault, uma categoria de conhecimento, não uma identidade que foi descoberta. "Se a homossexualidade é, como Foucault afirmou, um produto cultural, então o que é heterossexualidade? [...] Tal como a homossexualidade, que é uma categoria cultural específica, a heterossexualidade deve ter uma história para ser analisada" (Spargo, 1999: 44-45 - Tradução minha).

Nesse sentido, à teoria de Foucault se relaciona o que Stuart Hall denomina de crise de identidade. Hall defende que novas paisagens culturais se encontram na transformação das sociedades modernas do final do século XX. De acordo com o autor, tal crise tem desestabilizado as identidades vistas como fixas e imutáveis. No lugar delas, a fragmentação e a contingência das identidades têm abalado as certezas de um sujeito unificado e seus quadros de referência. Portanto, diz ele, "nós somos também 'pós' relativamente a qualquer concepção essencialista ou fixa de identidade - algo que, desde o Iluminismo, se supõe definir o próprio núcleo ou essência de nosso ser e fundamentar nossa existência como sujeitos humanos" (Hall, 1997: 10).

Em relação às identidades sexuais e de gênero, Judith Butler (1999) desestabiliza a relação direta, fortemente expressa nas normas sociais, entre anatomia e gênero. Ela questiona uma relação causal entre sexo, gênero e desejo. Para ela, tal relação não preexiste, já que é sempre um fazer; portanto, necessita ser reiterada por meio de "normas regulatórias".

De acordo com a autora, a seqüência sexo, gênero e desejo se constitui a partir da crença de que um determinado sexo implica um determinado gênero, e este, por fim, resulta num determinado desejo. O que Butler expõe é o quanto a concepção de gênero e de sexualidade, resultante dessa relação causal, é limitante e rígida. O resultado disso é que qualquer coisa fora dessa configuração é vista como patológica. Guacira Louro, comentando os desafios e as contestações instauradas pela perspectiva de Butler, acrescenta que "toda uma gama de descontinuidades, transgressões e subversões [...] ficam incompreensíveis se nos apegarmos a tal seqüência [sexo, gênero e desejo] como definitiva e estável" (Louro, 2002b: 2).

Essas abordagens teóricas são instigantes para examinar a construção da normalização e, com isso, a criação de limites rígidos nos sentimentos, nos desejos e nos atos, estabelecendo, com isso, outros comportamentos e formações sociais como não desejáveis. Tais perspectivas permitem-nos afirmar que é por meio de classificações como normal/desviante que se constroem formas rígidas de conhecer e que o poder se organiza e se distribui na sociedade.

Quero me deter justamente no parodoxo que marcou o programa *gay*: a excepcionalidade e, ao mesmo tempo, a proximidade em relação a programas heterossexuais do *Fica Comigo*. Quero sugerir que o programa *gay* foi ao ar depois de ficar o mais próximo possível de uma relação amorosa considerada como "normal" e que isso poderia estar indicando que sua concepção estava ancorada em um referencial heterossexual normativo.

O programa com o querido *gay*, Conrado, foi cercado de diversos cuidados. A seleção do candidato foi pautada por uma preocupação em se encontrar uma pessoa dentro de determinados padrões. O "querido ideal", como afirmou Rick Ostrower, diretor do programa, não podia ter muitos trejeitos: "queremos um cara normal, nós não queremos levar ao *Fica Comigo* aquele estereótipo do *gay* que geralmente é difundido na TV" (*Folha*..., 2001), e Conrado, o escolhido, foi a própria encarnação do "bom-moço".

Outro cuidado disse respeito à idade, já que a seleção de *gays*, lésbicas e bissexuais exigiu que o candidato tivesse completado 21 anos. A preocupação com a faixa etária, conforme a co-diretora do programa, Fernanda Monteclaro, se justificou em função de que a emissora não queria pessoas que estivessem descobrindo sua sexualidade naquele momento, nem pessoas cujos pais ficassem sabendo, pela televisão, que sua filha era lésbica, por exemplo (Central... 2001). Apesar de a *MTV* declarar que eram precauções para proteger a emissora de problemas com familiares do/a candidato/a, não seria possível questionar se, aliado a isso, não existia também uma crença de que a maioridade implica uma definição sexual?

Além dos cuidados em relação à escolha do candidato, a *MTV* preparou este programa específico difundindo o tema da homossexualidade em debates em outros programas da emissora, como o *MTV Erótica*, possivelmente com a intenção de sensibilizar os telespectadores para o assunto. Essa preocupação também se fez presente durante o programa propriamente dito, sendo possível constatá-la na fala de abertura de Fernanda Lima. Além de suas habituais apresentações e informações sobre como participar do programa, ela disse:

> Hoje o *Fica Comigo* realiza a sua primeira versão *gay* [...] nossa missão é arrumar um namorado para o Conrado [...] e se, no meio do caminho, a gente contribuir para diminuir os preconceitos, muito melhor. Respeitar as diferenças é sinal de evolução[4].

O que chama à atenção na apresentação de Conrado é, em primeiro lugar, que, mesmo com a descontração própria do *Fica Comigo*, houve uma preocupação em caracterizar o programa como sintonizado com o aspecto "militante" da emissora. Além disso, no intervalo do programa houve diversas vinhetas com desenhos de homens em várias posições amorosas com outros homens, acompanhadas de uma música com conteúdo sobre a homossexualidade, e também vinhetas sobre temas de preconceitos em geral. Em uma dessas últimas, o texto dizia: "o pior preconceito é ter preconceitos", acompanhado de desenhos de negros, gordos, velhos, nordestinos, judeus e soropositivos, entre outros. Junto com isso, houve mais rigor na seleção da platéia, pois havia um grande número de pessoas indicadas pelos participantes, pessoas do banco de dados da *MTV* e funcionários da

4. Trecho retirado do programa *Fica Comigo* da *MTV* gravado em agosto de 2001.

emissora. O propósito de tantos cuidados, de acordo com declarações de diretores da *MTV*, era evitar qualquer espécie de agressão homofóbica aos participantes (Soares, 2001).

O programa, ao diferenciar o candidato com cuidados especiais, o exclui e, ao aproximá-lo das normas sociais, coloca-o como um diferente, mas igual (ou um "diferente" "normal"). Nesse sentido, conforme Susanne Luhmann (1998), isto se relaciona ao processo pelo qual a normalidade se impõe. A heterossexualidade só existe na diferença, já que necessita da homossexualidade para poder se firmar; entretanto, essa relação é ameaçada e instável. Para a normalização se estabelecer, a heterossexualidade se recupera mediante vários processos, não apenas por várias formas de violência contra *gays* e lésbicas, na desigualdade social e legal, mas também mediante a tolerância com *gays* e lésbicas, como parece ter ocorrido no programa, admitindo-os como "diferentes, mas iguais". Afirma ainda a autora que "tal estratégia [...] busca expandir a definição de normal para incluir *gays* e lésbicas, mais que atacar e minar os muitos processos pelos quais (alguns) sujeitos tornam-se normalizados e outros marginalizados" (Luhmann, 1998: 143 – Tradução minha).

Esse movimento aparentemente contraditório mantém intacta a referência de onde está sendo olhado o candidato *gay*. Além disso, como afirma Guacira Louro, transformar as margens em

centro é um reducionismo político; os questionamentos sobre as fronteiras, o centro e as margens devem servir "para demonstrar o caráter construído do centro – e também das margens!" (2002a: 2). As lutas políticas questionaram a estabilidade de categorias como masculinidade, feminilidade, cultura, cidadania e outras consideradas centrais para a organização e as práticas sociais (Britzman, 1995); no entanto, apesar disso, Louro diz que é impossível negar a atração de considerar o centro como a norma. A *MTV*, no caso, apresenta um jeito de ser *gay* pautado por narrativas que são centrais na sociedade ocidental.

Talvez isso possa ser relacionado à questão dos limites, os limites que esta emissora se auto-impôs e, mais amplamente, os limites sobre o que se pode conhecer. Deborah Britzman aponta para esta questão, no sentido de se pensar o conhecimento e a pedagogia. Pergunta a autora: "o que faz alguma coisa pensável?" (Britzman, 1995: 156 – Tradução minha) ou o que pode ser dito num determinado momento?

Tais discussões podem servir para argumentar que o *gay* está num programa de TV porque há "condições de possibilidade" nesse momento, mas com limites. A seleção do "querido" pode dar pistas do que é considerado marginalizado. Ao serem estabelecidos os limites necessários para que um *gay* possa participar do programa (o "querido ideal"), fica estabelecido o que não pode aparecer, ou seja, outros tipos de *gay* que são considerados indignos, desprezíveis e chocantes. A inclusão, diz Britzman (1995), não facilita a multiplicidade de identificações necessárias para repensar identidades além de um limite de atitude. As posições de sujeito oferecidas não ultrapassam a tolerância por parte de um "normal" em relação a um tolerado subalterno.

É preciso acrescentar que o *Fica Comigo Gay* foi cercado de atenções não só antes, mas também depois de ir ao ar. As cenas do beijo final (que foi considerado o mais longo de todos os casais do programa) entre Conrado e o interessado escolhido, Fábio, causaram muita polêmica e uma audiência impressionante. No próprio programa, durante o longo beijo que o casal trocou, a platéia reagiu eufórica, o que fez Zico Góes, diretor de programação da *MTV*, afirmar que "o clima era de vitória em Copa do Mundo" (Galhardo, 2001). O casal *gay* foi assediado, e o programa repercutiu na imprensa.

As críticas positivas da mídia referem-se ao programa *gay* como um marco na história da TV brasileira, à *MTV* como uma emissora de vanguarda que se interessa em derrubar preconceitos e à possibilidade de reconhecimento do *gay* por esse tipo de programa. Junto com isso, os críticos também enfatizaram a forma como foi mostrado o homossexualismo, na medida em que

> a TV, quando aborda o homossexualismo, normalmente o faz de forma caricata. Quem aparece não é

o *gay*, mas a bicha-louca, cheia de trejeitos [...]. O episódio *gay* foi idêntico à versão heterossexual [...]. Fica implícita a asserção de que um cidadão é um cidadão independentemente do sexo das pessoas que leva para a cama (Schwartsman, 2001: 2).

Ou na medida em que um *gay* como Conrado esclarece que "relacionamentos homossexuais e heterossexuais não são tão diferentes assim" (Nadale, 2001: 1).

A emissora recebeu milhares de *e-mails* de telespectadores sobre o programa, alguns inclusive publicados na revista *MTV*, dos quais transcrevo alguns trechos:

> Não sou do time GLS e nunca tive oportunidade de conhecer um pouco mais desse mundo. [...] Deu para ver no programa que não tem nada de diferente e escandalizador. Continuem mostrando para esse pessoal ignorante que o amor está acima de tudo (Alessandra).
>
> Acho que vocês passaram dos limites. Estão banalizando as coisas e não sabem as conseqüências disso. Daqui a pouco vai ter o "Fica Comigo Animal", em que um cara fica no sofá com três animais a sua procura: uma cabra, uma vaca e uma galinha. [...] por que não fazem um programa desses, então? (Jacinto, 25 anos).
>
> Não é legal ficar mostrando o homossexualismo como se fosse uma coisa normal, bonita, romântica. [...] Deus faz as pessoas nascerem com dois sexos, homem foi feito para copular com mulher e vice-versa. Qualquer coisa diferente disso é contrariar a natureza, uma anomalia que não deve ser propagada pelos meios de comunicação (Hélio).
>
> Assisti ao debate no Erótica e foi muito esclarecedor. [...] Tenho uma filha de 14 anos [...]. A partir do momento que um programa é exibido na televisão, os adolescentes aproveitam para tirar dúvidas. [...] Minha filha tinha muita curiosidade pelo assunto, mas

> como nunca falamos sobre isso em casa, essa foi uma excelente oportunidade. [...] (Nilcy - Fica... 2001: 80-81).

Alguns comentários podem ser feitos a partir dos depoimentos. Apesar de o sexo importar tanto, como diz Tamsin Spargo (1999), a ignorância em relação a ele é um aspecto a ser examinado. Os depoimentos (os *e-mails*) revelam o desconhecimento sobre a homossexualidade. Inclusive os que parabenizam a emissora pela iniciativa agradecem por estarem supostamente saindo de um estado de ignorância em relação ao assunto.

A relação entre conhecimento e ignorância, conforme Deborah Britzman (1995), não é nem de oposição nem binária. Ambos estão mutuamente implicados um com o outro, estruturando e impondo formas particulares de conhecer e ignorar. A ignorância não é originária de um estado de inocência, mas um efeito do conhecimento (Britzman, 1995). Com relação a esse aspecto, Britzman conclui que a ignorância frente à homossexualidade é também um desconhecimento da heterossexualidade. Ela diz:

> o problema é que, embora a identidade heterossexual normativa exija que se construa, ao mesmo tempo, a homossexualidade como falta, o que se deixa de pensar é que todas as sexualidades devem ser construídas, que nossas práticas e interesses são socialmente negociados durante toda a nossa vida e que a moldagem sexual não precisa estar presa a estruturas de dominação e sujeição (Britzman, 1996: 91).

Os cuidados tomados pela emissora com esse programa deram a ele um caráter de excepcionalidade. Tal caráter revigora o significado de que alguma coisa estranha, diferente, está acontecendo. Por um dia, houve uma transferência da posição marginalizada para a posição central, semelhante aos eventos escolares que Guacira Louro (2002a) aponta. Diz ela que esses eventos, como o "dia da mulher" ou o da "raça negra", não passam de momentos "contemplativos" de outras culturas, o que está longe de dar conta das denúncias dos movimentos sociais quanto à ausência de suas histórias no conhecimento escolar. A excepcionalidade é como uma pequena abertura em um lugar central, de onde se espia o excêntrico. Na medida em que se diz que uma coisa é excepcional, declara-se que existe outra que é a referência, a norma.

Nessa direção, a *MTV*, ao criar um programa com esse caráter extraordinário, continua apontando para o "normal", e suas medidas de segurança podem ser lidas como paradigmas de normalidade aos quais a emissora está submetida. Nesse programa específico, houve uma demanda para o reconhecimento da identidade homossexual como distinta, o que reafirma uma binária e desigual oposição entre homossexual e heterossexual. Tal programa poderia ser criticado por ser organizado dentro da lógica binária, na qual um determinado modelo de heterossexualidade é central.

Os depoimentos registraram também a proximidade da heterossexualidade e da homossexualidade. Tanto os que se posicionaram a favor quanto os que se posicionaram contra o *Fica Comigo Gay* manifestaram a idéia de que o programa mostrou os relacionamentos homossexuais parecidos aos relacionamentos heterossexuais: "o episódio *gay* foi idêntico à versão heterossexual [...]", "deu para ver no programa que não tem nada de diferente e escandalizador [...]" ou "não é legal ficar mostrando o homossexualismo como se fosse uma coisa normal [...]". Essas opiniões provavelmente se originam dos cuidados especiais que a *MTV* teve em relação a esse programa, ou seja, de levar ao programa um *gay* "normal".

No programa *Fica Comigo Gay*, o "excêntrico" foi maquiado de tal forma que acabou parecendo o "normal" (o "certinho"). Houve um aparente paradoxo na excepcionalidade, já que por meio dela houve uma aproximação do "excêntrico" ao "normal". Nesse caso, a produção teve sucesso nas providências tomadas na seleção dos participantes e da platéia. A cautela da emissora em relação ao programa *gay* pode ser demonstrativa do quanto a sexualidade está relacionada ao poder e ao político e de que a sexualidade não é apenas uma questão de caráter íntimo e individual.

Os produtos da indústria cultural podem ajudar a fornecer modelos de identidades pelos quais os indivíduos se inserem socialmente. Se pensarmos que os/as jovens da sociedade contemporânea cresceram imersos numa cultura de mídia, é importante também sabermos interpretar e problematizar sua produção de significados. A construção binária da sexualidade que regula nossas relações sociais se expressa nos diversos locais, e o programa *Fica Comigo* pode ser um exemplo dos locais de cultura popular capazes de nos dizer algo sobre essa construção.

Referências bibliográficas

BRITZMAN, Deborah (1995). Is there a queer pedagogy? Or, stop reading straight. *Educational Theory*, vol. 45, n. 2, p. 151-165 [s.n.t.].

— (1996). O que é esta coisa chamada amor - Identidade homossexual, educação e currículo. *Educação e Realidade*, vol. 21, n. 1, jan.-jun., p. 71-96. Porto Alegre [s.e.].

BUTLER, Judith (1999). *Gender trouble: feminism and the subversion of identity*. New York: Routledge.

Central de Notícias (2001). São Paulo [Disponível em www.2.vol.com.br/mixbrasil/mundomix/central/imagens/011101/01.htm; acesso em 01/11/2001].

Fica Comigo Gay - MTV (2000). São Paulo [Disponível em http://mtv.uol.com.br/prog/querficar; acesso em 20/12/2000].

— (2001). *Music Television*. São Paulo, vol. 1, n. 7, set., p. 80-81.

Folha Online (2001). MTV quer "Fica Comigo" gay, mas "sem estereótipos". São Paulo [Disponível em http://www.folha.uol.com.br/folha/; acesso em 03/12/2001].

GALHARDO, Ricardo (2001). Mídia gay. *Observatório da Imprensa*. São Paulo [Disponível em www.observatoriodaimprensa.com.br/artigos/atv150820015.htm-13k; acesso em 04/09/2001].

HALL, Stuart (1997). *Identidades culturais na pós-modernidade.* Rio de Janeiro: DP&A.

LOURO, Guacira (2002a). Currículo, gênero e sexualidade - Refletindo sobre o "normal", o "diferente" e o "excêntrico". *Labrys: estudos feministas.* Brasília, vol. 1, n. 1/2, jul.-dez. [Disponível em http://www.unb.br/ih/his/gefem/; acesso em 02/08/2002].

— (2002b). *Corpo, gênero e sexualidade: a inscrição das diferenças.* Porto Alegre [Texto digitado - Trabalho apresentado no Seminário Identidades, Subjetividades e Culturas Sexuais - Reconstruindo a Sexualidade em Tempos de Aids. Rio de Janeiro].

LUHMANN, Susanne (1998). Queering/queryng pedagogy? Or, pedagogy is a pretty queer thing. *In*: PINAR, William (org.). *Queer theory in education.* Mahwah: Lawrence Erlbaum Associates, p. 141-155.

NADALE, Marcel (2001). *Os mudos não mudam o mundo.* São Paulo [Disponível em http://www.quadradinho.hpg.i.../colunas_recentemente06.htm; acesso em 03/02/2002].

SCHWARTSMAN, Hélio (2000). O sexo na gôndola. *Folha de S. Paulo*, tvfolha, 03/12/2000, p. 02. São Paulo.

SOARES, Sandra (2001). Fernanda Lima vai ajudar Conrado a arranjar namorado. *O Estado de S. Paulo.* São Paulo [Disponível em http://www.estadao.com.br/; acesso em 03/10/01].

SPARGO, Tamsin (1999). *Foucault and Queer Theory.* New York: Totem Books.

11

Gênero e sexualidade para consumo*

Este texto está centrado em alguns aspectos da publicidade que justificam a sua concepção como um artefato cultural que comporta uma pedagogia destinada a ensinar procedimentos, a regular condutas, a direcionar desejos e comportamentos. Quero indicar pistas que possibilitem olhar para a publicidade como um mecanismo eficiente na produção das identidades de gênero e sexual. Para isso, aponto alguns elementos da publicidade que operam no sentido de apresentar modelos hegemônicos de feminilidade e de masculinidade e, desse modo, educar sujeitos.

A educação, compreendida de maneira ampla, é um dos processos mais eficientes na constituição das identidades de gênero e sexual. Em qualquer sociedade, os inúmeros artefatos educativos existentes têm como principal função con/formar os sujeitos, moldando-os de acordo com as normas sociais. Grande parte desses artefatos educativos está inserida na área cultural como, por exemplo, televisão, cinema, revistas, livros ou histórias em quadrinhos. De qualquer forma, são revestidos de características "inocentes", como prazer e diversão, que também educam e produzem conhecimento. Esses artefatos contêm pedagogias cultu-

---

* Uma versão deste artigo foi publicada no livro *Século XXI: qual conhecimento? Qual currículo?* (Petrópolis: Vozes, 1999), do Seminário Internacional de Educação da Prefeitura de Porto Alegre.

rais, são formas de ensinar através das quais significados sociais são construídos e reproduzidos (Giroux & McLaren, 1995).

Podemos considerar que a publicidade é um dos mecanismos educativos presentes nas instâncias socioculturais. Ela não só possui características como prazer e diversão, mas também educa e produz conhecimentos. Ao funcionar como um mecanismo que educa e produz conhecimentos a publicidade contribui para produzir identidades. Ela ajuda a "fazer" sujeitos de um determinado "tipo". Ela ensina modos de ser e modos de estar no mundo. A publicidade também pode ser considerada um mecanismo pedagógico em que representações são construídas a partir de um conjunto de práticas socialmente estabelecidas, embora, ao mesmo tempo, possamos encontrar neste espaço algumas frestas que dão passagem a formas alternativas de compreensão do mundo e representações outras que não as hegemônicas.

A publicidade impressa trabalha basicamente com imagens. As imagens produzem uma pedagogia, uma forma de ensinar as coisas do mundo, produzem conceitos ou pré-conceitos sobre diversos aspectos sociais, produzem formas de pensar e agir, de estar no mundo e de se relacionar com ele. A construção de imagens que valorizam determinado tipo de comportamento, de estilo de vida ou de pessoa, é uma forma de regulação social que reproduz padrões mais comumente aceitos em uma sociedade. É fácil imaginar que o que quer que seja mostrado em um anúncio publicitário – cenários, situações, pessoas, paisagens – tem significativa importância, pois é um momento que está ali fixado e, como tal, ele parece estar nos dizendo: este momento está aqui porque ele é importante e faz parte de nossa vida cotidiana. A publicidade não inventa coisas, seu discurso, suas representações, estão sempre relacionadas com o conhecimento que circula na sociedade; suas imagens trazem sempre signos, significantes e significados que nos são familiares.

Sempre que pensamos em publicidade, pensamos em termos de imagem. Entretanto, raras vezes um anúncio publicitário apresenta-se sem mensagem lingüística. A relação texto/imagem tem sido alvo de amplas discussões, precisamente porque a ligação que se estabelece entre eles é bastante estreita, embora sejam dois elementos de naturezas diferentes. Não se trata de procurar a precedência do texto sobre a imagem, ou vice-versa. Trata-se, isso sim, de tentar compreender qual é a relação que se estabelece entre eles em termos de dependência e autonomia.

Em um anúncio publicitário, imagem e texto constituem-se em uma unidade narrativa que tem como objetivo proporcionar ao/a consumidor/a uma leitura correta a respeito daquele produto que está sendo anunciado. Na publicidade, normalmente, esta é a função do texto: informar sobre as qualidades e as vantagens de um produto ou serviço. Para Roland Barthes (1990), a presença do texto, ao qual ele chama mensagem lingüística, é inevitável já que sua função é exatamente a fixação do sentido das imagens, tal mensagem seria, assim, uma das técnicas desenvolvidas pelas sociedades "destinadas a *fixar* a cadeia flutuante dos significados, de modo a combater o terror dos signos incertos..." (p. 32). A palavra impediria que a leitora ou o leitor atribuísse a elementos da cena significados que não tivessem relação com o produto anunciado. Desse modo, a mensagem lingüística estaria exercendo controle sobre a imagem e, digo ainda, sobre aquele/a que olha. Um exemplo pode ser visto em uma propaganda de cera para sapatos na qual a mensagem lingüística principal anuncia: "É muito macho, mas faz limpeza de pele toda semana". Mais abaixo, um pequeno texto informa: "Para tratar e conservar o couro e devolver o brilho de seus sapatos [...]. A pele do seu sapato nunca foi tão bem tratada". Inicialmente, somos levadas a pensar que a proposição implicada na afirmação é a de que machos também são vaidosos e isso não afeta a masculinidade. Entretanto, o texto seguinte, que serve para fixar o significado da mensagem lingüística anterior, esclarece que a limpeza refere-se à pele ou couro dos sapatos.

De modo algum, compreender a mensagem lingüística como fixadora significa que ela desempenhe efetivamente esta função, afinal a presença do texto ou da legenda não anula toda a rede de significados culturais que a leitora e o leitor trazem consigo, não o/a impedem de fazer outras inferências. Ao mesmo tempo, aceitar a possibilidade de que a palavra pode fixar os significados de uma imagem é afirmar que há entre elas uma relação direta de correspondência; ou seja, é afirmar que é possível através de palavras traduzir uma imagem em todas as suas dimensões. Sendo texto e imagem linguagens diferentes, a única relação possível entre eles é de articulação, de complemento ou de justaposição, mas nunca de substituição.

Freqüentemente, os anúncios publicitários ensinam modos de conduta para pessoas de todas as faixas etárias, delimitando espaços, traçando caminhos, configurando identidades. Vender é a função da publicidade, entretanto, não são todas as pessoas que têm poder aquisitivo para comprar os produtos anunciados; por outro lado, os signos apresentados em um anúncio publicitário são consumidos por qualquer pessoa sem distinção (Rocha, 1994). Aqui, os signos que importam são aqueles relacionados ao gênero e à sexualidade. São constantes as apresentações de mulheres como mães/donas-de-casa e de homens como provedores do lar. Do mesmo modo, o modelo hegemônico de família composto de pai, mãe, filho e filha, além de um animal de estimação, pode ser observado em propagandas de margarinas, de planos de saúde, de carros de passeio e tantos outros produtos.

Trabalhar com as representações de gênero e de sexualidade na publicidade comporta um potencial crítico, pois é possível identificar de que formas são socialmente construídos tipos de corpos, modos de viver, comportamentos e valores apresentados nas imagens. Também considero possível entender como sujeitos podem ser constituídos a partir de um modelo predominante, correspondente ao sistema político, social e cultural no qual estão inseridos. É comum a utilização da imagem de pessoas para vender os mais diferentes produtos. Mas não é só isso. As imagens carregam sentidos, apresentam hábitos, modos de vestir, comportamentos, que constituem identidades. Desse modo, compreendo que podemos encontrar nas imagens publicitárias um campo de constituição de sujeitos; entendo que as relações de gênero representadas pela mídia são campos de constituição de identidades, de produção e reprodução de representações e, portanto, espaço educativo onde imagens de crianças, adolescentes, mulheres e homens podem ser consumidas, tendo como referencial modelos social, econômico e cultural hegemônicos.

Os anúncios publicitários estão em todo lugar, fazendo parte de nossa vida cotidiana: na televisão, nas revistas, nos jornais, nos *outdoors*; em todos os momentos e lugares vemos imagens de produtos à venda no mercado, exibidos através de propagandas. É por meio da mídia que diariamente observamos imagens de femininos e masculinos construídas com o objetivo de vender algum produto ou alguma idéia. Mas, quais são as representações de gênero que têm sido construídas pelas imagens publicitárias? Tais representações carregam que tipos de referentes?[1] De que maneiras essas representações constituem identidades de gênero? Cercados como estamos por imagens, o acesso às revistas e, conseqüentemente, à publicidade por elas veiculada, é mais uma etapa no processo de consumo, em que sujeitos consomem não só mercadorias como também valores que estabelecem como deve ser o corpo, como devemos nos vestir, quais comportamentos valorizar, isso tudo não somente através das marcas de gênero, como também de raça/etnia, classe, geração, para citar algumas.

A publicidade utiliza mulheres e homens de determinada classe social, raça/etnia, nacionalidade, desde que de acordo com padrões estabelecidos pelas sociedades ocidentais modernas. Essas representações, porque construídas socialmente, estão carregadas de significados e, por isso, contribuem para constituir identidades, reproduzindo significados e produzindo outros tantos. Des-

---

1. Por referentes podemos entender aqueles elementos extralingüísticos, que podem ser identificados por meio de signos lingüísticos, cujos sentidos são dados a partir de um determinado contexto sociocultural.

de esse ponto de vista, analisar anúncios publicitários na perspectiva do gênero e da sexualidade implica uma leitura crítica de vários elementos que, muitas vezes, nos são apresentados de maneira tão natural que não pensamos em questioná-los.

Se, ainda que inicialmente, lançarmos um olhar comparativo aos anúncios publicitários que nos são apresentados diariamente através da mídia, observamos que eles estão marcados por representações acerca das relações de gênero, apresentando sexualidades, modos de comportamento, tipos de corpos, diferentes estilos de vida. Estes são alguns dos elementos mais comumente encontrados nos anúncios publicitários. Neles o que vemos são representações de modelos legitimados socialmente que, ao mesmo tempo, podem conter novos modelos ainda em busca de legitimação.

Muitas vezes encontramos propagandas que apresentam apenas o produto anunciado, sem a presença de sujeitos masculinos e/ou femininos. Tal fato não inviabiliza uma análise em termos de gênero e sexualidade, já que muitas vezes também objetos ou acontecimentos podem carregar qualidades atribuídas a femininos e masculinos. Assim, juntamente com a imagem de um produto que está à venda em uma propaganda, encontramos signos que carregam marcadores culturais e sociais com os quais tal produto pode ser associado e que nos "falam" de relações externas àquela imagem. Neste processo de significação, ocorre um intercâmbio entre qualidades dos objetos e qualidades humanas, estabelecendo ligações entre certos tipos de consumidoras/es e certos tipos de produtos, criando símbolos que passam a ser considerados como "dados" ou naturais, e levando-nos a perceber outros objetos a partir dos significados construídos em um anúncio publicitário, de modo que possamos estender essas qualidades para diversas outras situações ou dotá-las de sentido em nossa vida (Williamson, 1994).

As relações que podem ser estabelecidas entre a imagem apresentada em um anúncio publicitário e as possíveis alterações no modo de comportamentos e valores não ocorrem de forma direta e automática. Segundo Judith Williamson (*idem*), nós somos levadas/os a fazê-la a partir de sistemas de referentes, que trazem seu sentido de fora da publicidade, ou seja, da vida social. Significados estabelecidos entre o que é mostrado e o que se vê são construídos a partir de sistemas de referentes que existem na vida social, a partir dos discursos que circulam na sociedade e nos constituem. A vida social é um referente constituído pelos discursos, produzido pelos significados e são estes significados que vão tecendo uma rede através da qual damos sentido às imagens que chegam à nossa visão.

Com o objetivo primeiro de vender algo, a publicidade dispõe das mais diversas estratégias para apresentar um produto, utilizando animais, crianças, mulheres, homens ou qualquer outro vínculo que possa estabelecer com o produto uma relação de credibilidade, prazer e/ou necessidade. Mas estas são características mais imediatas que não demandam muito esforço e podem ser identificadas ao primeiro olhar. Uma leitura crítica, ao contrário, requer um processo de estranhamento[2], conceito tão caro à Antropologia; tal leitura invoca um olhar ativo, através do qual as imagens e as representações que elas carregam podem ser contestadas e questionadas em função dos significados então presentes.

Como espaço de produção de significação, a publicidade também é lugar em que são representados códigos culturais, em que significados são trocados. Cada elemento que compõe um anúncio publicitário é um signo que nos permite "ler" a imagem de acordo com os códigos culturais que carregamos e/ou construir novos. Quando falamos em significados, estamos falando de quaisquer objetos, imagens, conhecimentos que se tornam culturais quando, a partir de nossas práticas sociais, lhes damos sentido. Quaisquer objetos ou eventos tornam-se parte da cultura quando os representamos através da linguagem (e lin-

2. O processo de estranhamento implica transformar as coisas mais comuns e rotineiras em acontecimentos esdrúxulos, através do distanciamento intencional do objeto estudado.

guagem aqui não diz respeito apenas a signos lingüísticos, mas a qualquer sistema de representação como sons, imagens, gestos, costumes). A capacidade que possuímos de dar sentido às coisas está amparada em "mapas" de significados que compartilhamos culturalmente e por meio dos quais representações são construídas (Hall, 1997).

A publicidade oferece elementos suficientes para que pensemos a sociedade e a nós mesmas de acordo com modelos dominantes. Sem dúvida que a função da propaganda é vender mercadorias divulgando suas qualidades; entretanto, tais qualidades precisam, de alguma forma, fazer sentido para nós, daí a necessidade da utilização de referentes.

Não teria sentido nenhum para uma pessoa olhar imagens que não lhe trouxessem algum tipo de mensagem referencial. Por isso, a publicidade trabalha com signos dominantes em uma sociedade, ao mesmo tempo em que produz novos signos, os quais estão sempre amparados em um modelo de representação hegemônica, de forma a garantir que mensagens veiculadas sejam compreendidas dentro de um campo específico de significações. Entretanto, não basta produzir novas imagens ou signos, é necessário que seja produzida toda uma rede de significantes interligados para que possamos nos identificar com o que vemos. É importante que uma imagem, ao mesmo tempo em que traga novos processos de significação, traga também signos que já tenham referentes em nossa vida cotidiana. Assim, quando olhamos uma imagem podemos nos identificar não somente com o(s) produto(s) à venda, mas também, de forma menos direta, com os significantes presentes na imagem.

Nesse sentido, os anúncios publicitários têm uma estrutura simbólica que se destina a nos convencer da importância e da necessidade que determinado produto pode ter em nossas vidas. É através da publicidade que o produto massificado, produzido em larga escala, é revestido de pessoalidade, de humanidade sendo associado com os sujeitos. A publicidade utiliza-se de um discurso de particularidade que leva o/a consumidor/a a estabelecer com o produto um tipo de relação pessoal e atribuir a ele um valor simbólico.

O valor simbólico é um elemento constante no discurso publicitário, pois é através dele que são tecidas as relações entre produto e consumidor/a, é através dele que o produto desperta em nós algo tão subjetivo como o desejo: o desejo de ter, o desejo de ser. Desse modo, vários artifícios são usados para convencer o/a consumidor/a das qualidades e vantagens de determinado produto. Ao utilizar mulheres para divulgar marcas de sabão em pó, ou homens para divulgar marcas de cigarros mais fortes, o discurso publicitário está se apropriando de significados que estão circulando nas relações sociais. Ao mesmo tempo, ele está reafirmando - e naturalizando - estas mesmas representações por meio de algumas estratégias como, por exemplo, mostrar as mulheres quase sempre dentro de casa, fazendo atividades manuais, ou expondo o corpo como objeto do prazer masculino. Características atribuídas às mulheres também são exploradas, como os significados marcados pela afetividade. Quanto aos homens, estes são mostrados, freqüentemente, relacionados à força, à determinação; aparecem muito mais em ambiente aberto, próximos da natureza; o ambiente fechado fica restrito ao escritório; o homem é quase sempre visto no exterior, em espaços amplos, sem limites.

Ao utilizar essas estratégias como forma de atingir consumidoras/es, a publicidade está trabalhando a partir do que poderíamos chamar de um currículo cultural que é constituído nas relações sociais e que opera como constituidor destas mesmas relações. Tal currículo cultural faz parte de uma pedagogia específica que é composta por um repertório de significados que, por sua vez, constroem e constituem identidades culturais hegemônicas. Pelas imagens publicitárias, podemos observar como as relações de gênero estão sendo vistas por determinada sociedade; ou seja, quais são os significados mais ligados às mulheres e aos homens ou quais os significantes mais diretamente relacionados aos comportamentos masculinos e femininos desejados socialmente.

Na disposição em vender determinada idéia ou produto, é produzida uma pedagogia que narra o sujeito como independente e livre para escolher, ao mesmo tempo em que opera com mecanismos de (auto)controle e de (auto-)regulação, normatizando as relações sociais e materializando-as através das imagens. Os carros utilitários, por exemplo, aparecem freqüentemente dirigidos por homens; a exceção é quando a mulher está indo levar os/as filhos/as à escola: nesse momento ela precisa de um carro grande, não para vencer obstáculos de um *rally*, mas sim para carregar a prole ou, ainda, para fazer compras.

É importante não esquecer que o discurso publicitário não é autônomo, não tem vida própria: quando a publicidade fala também nós estamos falando. A publicidade está inserida na cultura e não fora dela, de modo a observá-la de um lugar distanciado para, aí sim, ser elaborada. O discurso publicitário constitui-se de práticas cotidianas exercidas na sociedade, ele está imerso em tais práticas e é nelas que encontra objetos para construir sua própria materialidade.

Ainda assim, apesar de todo o arsenal de imagens e palavras utilizadas, nada garante que a mensagem publicitária comporte uma leitura única. Os signos podem ser apreendidos de formas diferentes, e é essa possibilidade que nos permite fazer uma leitura crítica da forma como imagens publicitárias são construídas no que diz respeito às representações de gênero e sexuais, considerando o conjunto de significantes aí presentes.

De modo algum pode-se entender que a forma pela qual o gênero está presente na publicidade é detalhadamente planejada para garantir a manutenção da ordem existente nas relações entre mulheres e homens. O que existe é uma certa naturalização de comportamentos que estão nas imagens, tais como construídas pelos sujeitos sociais. E é através dessa semelhança que nos reconhecemos e compreendemos o que a publicidade está nos dizendo. São códigos culturais que nos constituem e que são constitutivos das identidades culturais, é através deles que olhamos outra pessoa e identificamos nela marcas de diferenças e/ou de semelhanças. É através de tais códigos que se torna possível olhar para a publicidade de outros modos.

Referências bibliográficas

BARTHES, Roland (1990). A retórica da imagem. *In*: ID. *O óbvio e o obtuso*. Rio de Janeiro: Nova Fronteira.

GIROUX, Henry & McLAREN, Peter (1995). Por uma pedagogia crítica da representação. *In*: SILVA, Tomaz Tadeu da & MOREIRA, Antonio Flávio (org.). *Territórios contestados – O currículo e os novos mapas políticos e culturais*. Petrópolis: Vozes.

HALL, Stuart (1997). Introduction. *In*: HALL, Stuart (ed.). *Representation – Cultural representations and signifying practices*. London: Sage/The Open University.

ROCHA, Everardo P.G. (1994). *Magia e capitalismo – Um estudo antropológico da publicidade*. Rio de Janeiro: Paz e Terra.

WILLIAMSON, Judith (1994). *Decoding advertisements: ideology and meaning in advertising*. London: Marion Boyars.

12

Gênero e sexualidade nos desenhos da Disney

São múltiplas as práticas sociais, as instituições e os discursos que cercam os sujeitos, produzindo e reproduzindo identidades, produzindo e reproduzindo diferenças, distinções e desigualdades (Louro, 1998: 87).

Devido ao desenvolvimento tecnológico, à abundância e à velocidade da informação as formas de aprender estão se modificando. A escola continua sendo uma das principais instituições responsáveis pela propagação do conhecimento, embora não mais vista como a instituição central. Gradativamente está ocorrendo um afastamento do entendimento da escola como o único local de construção e de divulgação dos saberes. Assim, o cinema, os documentários, os *shoppings*, os museus, os brinquedos, os *video games* e a mídia em geral podem ser compreendidos como instâncias educativas, locais de informação e entretenimento, onde circulam também concepções de gênero, sexualidade, raça, etnia, classe social, entre outras. Uma novela de televisão, uma propaganda, um desenho animado podem ser vistos como produtores e veiculadores de representações que sugerem determinados comportamentos e identidades sociais, e que, de algum modo, acabam por regular nossas vidas.

Os desenhos animados, por sua ampla circulação, constituem-se em um importante artefato cultural do século XXI. Podemos entender que eles exercitam uma pedagogia a qual, segundo o entendimento de Shirley Steinberg (1997), pode ser vista como uma pedagogia cultural. Steinberg argumenta que o termo pedagogia cultural expressa a idéia de que a educação se dá numa variedade de locais sociais, incluindo o espaço escolar, mas não se limita a ele. Nesse sentido, há um deslocamento da função pedagógica, isto é, a educação passa também a ser exercida através dos meios de comunicação social.

Os saberes que são transmitidos por essas diversas instâncias culturais têm uma função produtiva na formação da identidade das crianças. Assistimos aos desenhos sem perceber que eles estão nos constituindo e ensinando o que é ser mulher, ser homem, ser criança, ser branco ou ser negro. Embora muitos desses produtos culturais, como os desenhos, estejam ligados ao lúdico, ao prazer e, por isso, sejam considerados como "inocentes" demais para merecerem uma análise política (Giroux, 1995), eles necessitam ser analisados como pedagogias culturais que participam ativamente na construção de identidades culturais. Caberia então perguntar por que não estudar os desenhos animados já que eles atingem um grande público exatamente por apelar para a fantasia, para o sonho? Por que deixar de lado este importante produto tão fortemente inserido na cultura popular? Portanto, neste trabalho, procuro analisar a "construção" de um ideal de feminilidade veiculado através dos desenhos. Selecionei alguns trechos dos desenhos produzidos pela Disney: *A pequena sereia* (1989), *A Bela e a Fera* (1991) e *Mulan* (1998).

Os desenhos animados

Em dezembro de 1901, na cidade de Chicago, nascia Walt Disney, considerado o maior "gênio" do desenho animado de todos os tempos. Em 1937, Walt Disney lança *Branca de Neve e os Sete Anões*, um dos maiores sucessos da história do cinema. Daí em diante, outros longa-metragens foram produzidos e se tornaram alguns dos maiores clássicos de animação de todos os tempos.

Baseando-se no posicionamento da câmera, no movimento e no posicionamento dos/as personagens, na iluminação e no uso do foco de profundidade, os estúdios Disney criaram uma ilusão de "realidade". Ao assistirmos aos desenhos somos como que capturados por esses aspectos que se assemelham aos recursos utilizados pelo cinema em geral.

Nos desenhos animados da Disney, o recurso simbólico das cores é utilizado freqüentemente. Ele serve para distinguir os personagens que são apresentados como heroínas/heróis dos personagens que são vilãs/vilões. As cores claras são usadas para representar os "bons" e as cores escuras são usadas para os que personificam os vilões. O espaço por onde transitam estes personagens também é representado e diferenciado pelas cores.

A representação gráfica marca também a diferença entre os personagens. As protagonistas são sempre representadas como figuras esbeltas, com formas mais suaves. Nas vilãs, as linhas dos desenhos são mais pontiagudas, as feições são marcadas por traços mais fortes, tradicionalmente consideradas como feias e grotescas. Elizabeth Bell comenta que a criação das figuras femininas coube sempre aos homens. Estas figuras apresentam três formas de representação gráfica, isto é, as protagonistas são adolescentes "num apogeu idealizado de graça da puberdade"[1]; as personagens que representam a beleza madura são aquelas que, segundo a autora, estão no auge de sua sexualidade como, por exemplo, a madrasta de Branca de Neve, a bruxa do mar Úrsula; as personagens que representam as mulheres "pós-menopausa" são as serviçais, as boas fadas, a mãe e a avó de Mulan, Madame Samovar (Bell, 1995: 108).

Nos desenhos circulam essas mesmas representações de corpos e de aparências, e ainda são veiculados determinados discursos sobre gênero, sexualidade, raça. Através de histórias como *A pequena sereia, A Bela e a Fera* e *Mulan* (entre tantas

---

1. Original em inglês. Tradução minha.

outras), as crianças e jovens aprendem quais os comportamentos que devem valorizar, quais as atitudes e gestos adequados a cada um dos gêneros.

A garota ideal

> *O reino inteiro deseja vê-lo alegremente comprometido com a garota ideal – argumenta Grimspy com o príncipe Eric*[2].

Nos desenhos *A pequena sereia*, *A Bela e a Fera* e *Mulan*, as personagens Ariel, Bela e Mulan são diferentes entre si e são, também, marcadas como diferentes pelo grupo. O mesmo grupo que as marca e as exclui é aquele que se utiliza de alguns mecanismos como, por exemplo, a música e as palavras para dizer como essas jovens "devem ser" a fim de que também passem a ser parte da comunidade, mais do que isso, como elas devem ser para se constituírem a "garota ideal".

Nos três desenhos há uma preocupação em mostrar quais as atitudes consideradas adequadas a uma garota. A maneira como elas devem se comportar e agir. São constantemente ensinadas não só pelas suas famílias, como também pelo grupo do qual as protagonistas fazem parte. Em vários momentos destes desenhos assistimos a cenas e ouvimos canções que dizem o que é ser homem, o que é ser mulher, o que as personagens podem e devem fazer.

Segundo Guacira Lopes Louro, "a linguagem é, seguramente, o campo mais eficaz e persistente – tanto porque ela atravessa e constitui a maioria de nossas práticas, como porque ela nos parece, quase sempre, muito *natural*" (1997: 65 – Grifo da autora). Nos desenhos que analisei, determinadas palavras e músicas usadas, aparentemente, de forma simples e "natural", para

2. Frase dita por Grimspy ao príncipe Eric a respeito da necessidade de o príncipe encontrar uma noiva.

ilustrar alguma cena ou para dar informação acerca de uma personagem, servem, principalmente, para instituir e delimitar um jeito de ser feminino.

Em *A pequena sereia*, Ariel é representada, no decorrer da história, pela fala dos outros, não somente pela bruxa como por outros personagens, como por exemplo o Sebastião. Tanto este crustáceo quanto Úrsula utilizam palavras no diminutivo e algumas adjetivações para descrever a jovem, como por exemplo: "princesa", "bela garotinha", "garota maluca", "menina sereia", "minha querida e bela menina". Todas estas adjetivações, diminutivos e frases reiteram o lugar da sereia Ariel na narrativa e servem para instituir sua identidade. Ela é constituída como adolescente inexperiente, chamada em alguns momentos de "menina". Seu lugar na narrativa não é de uma mulher, mas, sim, de uma jovem que é apresentada como infantil.

Neste desenho, além de percebermos a importância da linguagem na constituição de uma identidade, observamos como as canções "funcionam" para ajudar a produzir um "ideal" de feminilidade. É Úrsula (bruxa do mar) quem descreve e representa qual o comportamento "ideal" de uma garota, através de uma canção onde "ensina" o que uma jovem deve fazer (ou como ela deve ser) para conquistar um homem:

O homem abomina tagarela
Garota caladinha ele adora
Se a mulher fica falando
O dia inteiro fofocando
Homem se zanga, diz adeus e vai embora.

Não vá querer jogar conversa fora
Que os homens fazem de tudo pra evitar
Sabe quem é a mais querida?
É a garota retraída
E só as bem quietinhas vão casar.

Na letra da música, a bruxa mostra qual o comportamento desejável de uma jovem tomando como referência o discurso masculino. Ela descreve o comportamento da garota através de binarismos, ou seja, Úrsula afirma que o homem gosta de "garota caladinha", "retraída" e "quietinha"; que esse mesmo homem não gosta de garota "tagarela", que "joga conversa fora", que fica "fofocando". Se a garota possui os atributos que o homem privilegia, ela casa. Caso contrário, o homem fica zangado e vai embora. Nesta canção, é dito de maneira bem pontual que a garota ideal é aquela que é "caladinha". O ideal feminino vai se constituir a partir da lógica binária do masculino/feminino, onde o primeiro termo é valorizado e se opõe ao segundo termo, visto como negativo. O primeiro termo é tomado como verdadeiro e desejável. Nesta canção, o comportamento feminino é definido e regulado a partir do masculino, isto é, são os exemplos ditados pelo masculino que delimitam o modo de agir da mulher. É o masculino quem tem o poder de instituir a representação, de falar sobre o outro, nesse caso específico, de falar sobre a mulher.

No desenho *A Bela e a Fera* não há uma música específica que esteja implicada na construção de um determinado ideal de feminilidade como acontece em A *pequena sereia*, mas no decorrer de toda a narrativa o lugar do feminino é marcado pelas atitudes que Bela assume em relação à Fera.

Logo no início do desenho, o príncipe é transformado numa fera em função de sua arrogância e vaidade e é advertido que o feitiço só será desfeito quando uma jovem se "apaixonar verdadeiramente" por ele (apesar de sua aparência monstruosa). Quando Bela sai à procura de seu pai e chega ao castelo da Fera todos os objetos encantados acham que ela pode ser a garota que vai quebrar o feitiço.

Neste desenho, de forma muito visível, o feminino é posicionado como a salvação do masculino (Jeffords, 1995) e isto ocorre em dois momentos da narrativa: o primeiro momento é quando Bela assume o lugar de seu pai ficando como prisioneira no castelo da Fera e o segundo momento ocorre quando a jovem leva a Fera de volta ao castelo, após ter sido salva por ele do ataque dos lobos. Além desta, outras passagens na história reiteram o lugar do feminino. Bela é posicionada como aquela que educa, que ensina, que cuida e dá "polimento" à Fera.

No momento em que a jovem passa a viver no castelo, as imagens mostram que, aos poucos, os hábitos da Fera vão mudando. Antes da chegada da jovem, o monstro usava somente calça rasgada e uma capa, caminhava como um animal, comia sem o auxílio de talheres. Após a chegada da protagonista, o comportamento e as atitudes da Fera vão sendo modificados. Ele passa a usar outras peças de roupa, caminha utilizando somente seus membros inferiores, aprende a usar talheres. Bela ensina-o a se comportar "adequadamente", a dançar, passa horas em frente à lareira lendo histórias para ele. Em uma determinada parte da história visualizamos a jovem e a Fera caminhando. Bela se esconde e canta uma música:

> Ele foi bom e delicado
> Mas era mau
> E era tão mal educado
> Foi tão gentil
> E tão cortês
> Por que será que não notei nenhuma vez
> [...]
> Como ele está mudado
> Claro que está longe de ser o príncipe encantado
> Mas algum encanto ele tem
> Eu posso ver.

Bela "percebe" que a Fera mudou. Esta mudança foi possibilitada em função do feminino, ou seja, coube à jovem "despertar" atitudes que até então eram negligenciadas ou negadas pela Fera. No momento em que a jovem passa a viver no castelo ela promove não só a transformação do monstro como também a feminização do espaço físico. Os cômodos começam a ser enfeitados, os ambientes que eram fechados tornam-se claros, até o exterior do castelo se modifica, ou seja, antes o castelo era envolto em escuridão, as cores predominantes eram o cinza e o preto, havia uma grande quantidade de nuvens que impediam a passagem da luz; a partir da chegada da jovem o castelo torna-se claro, a luz do sol aparece, até mesmo passarinhos transitam pelo pátio. Marca-se, assim, o lugar social do feminino, isto é, a mulher é destinada ao mundo doméstico, é ela quem vai promover mudanças não só ambientais como também mudanças comportamentais e corporais do sujeito masculino.

Mas não é somente a Fera que vai se transformando. Bela também vai sendo constituída na relação com o monstro e com os objetos do castelo. No momento em que a jovem passa a viver no castelo visualizamos uma mudança em sua aparência. A jovem deixa de usar a roupa simples que usava enquanto vivia na aldeia e passa a usar roupas mais requintadas, isto é, roupas que estão mais de acordo com o ambiente em que está convivendo. Além do requinte, as roupas são mais coloridas, decotadas. De certa forma, Bela assume algumas marcas daquele grupo, ou seja, por estar vivendo em um castelo a jovem assume uma postura mais glamourosa e sofisticada.

No desenho *Mulan* o ideal de feminilidade também é marcado e construído a partir de determinados discursos proferidos pelos personagens masculinos. Estes discursos que supostamente estariam descrevendo figuras femininas estão, de fato, implicados na constituição das mesmas. Os discursos constroem determinados significados e, assim, legitimam específicas identidades de gênero. Guacira Lopes Louro (1997: 41) argumenta que:

> Homens e mulheres certamente não são construídos apenas através de mecanismos de repressão ou censura, eles e elas se fazem, também, através de práticas e relações que *instituem* gestos, modos de ser e de estar no mundo, formas de falar e de agir, condutas e posturas *apropriadas* (e, usualmente, diversas) [grifo da autora].

Em *Mulan* uma determinada música exemplifica especialmente o lugar do feminino. Ela é cantada pelo grupo de soldados que falam da necessidade de ter "alguém pra quem voltar". Eles dizem:

> [...]
> Sua pele é branca como a lua
> Estrelas no olhar
> Mostrar a ela meu poder
> Feridas para cuidar
> Eu não me importo com que veste ou com beleza
> Mas se cozinha com destreza
> [...]
> Minha garota é demais
> Com ela eu sou o tal.
> Mulan diz:
> É, mas se ela o cérebro usar
> Vai ser a maioral?
> Os três soldados respondem:
> – Não!!!

A música permite observar como a oposição entre homens e mulheres é aqui representada e "funciona" entre os personagens para produzir posições de gênero diferenciadas. Os soldados vão para a guerra, as mulheres ficam em casa. Elas não fazem parte do cenário de luta, seu espaço é o doméstico. Cabe à mulher cuidar, zelar, esperar; ao homem é reservado o mundo exterior. Eles cantam que querem ter "alguém pra quem voltar", ou seja, depois da batalha há alguém que irá cuidar de seus ferimentos, que irá cozinhar, alguém que habita um outro espaço social. Esse alguém é a mulher. Além disso, os soldados cantam que eles são os "tais". Dizem que irão mostrar às garotas o "seu poder". Eles assumem, nesta história, a posição de quem é desejado, de quem é forte e poderoso.

Nesta música a garota ideal é aquela que cuida, que cozinha, que não é necessariamente bela e que, principalmente, não usa o cérebro, pois se usar ela não será a "maioral" (este não é o seu lugar, ou o lugar no qual, segundo os soldados, ela deve ser valorizada). Esta forma de representação demarca, de maneira "concreta", a posição que o feminino assume nesta narrativa, ou seja, a postura, os comportamentos, as atitudes das figuras femininas são reguladas e legitimadas pelo masculino.

Nos três desenhos que analisei, as representações enfatizam determinados padrões hegemônicos de masculinidade e de feminilidade. Podemos observar que as músicas e as falas carregam um sentido de pertencimento a específicas identidades de gênero e são utilizadas para marcar as posições que os/as personagens devem ocupar na narrativa. Identidades de gênero são produzidas através das relações sociais, atravessadas por diferentes práticas culturais e por diferentes discursos. Os discursos nesses desenhos não só descrevem qual a garota ideal como também prescrevem o que elas podem/devem fazer para atingir esse ideal.

Logo no início do desenho *Mulan*, visualizamos a protagonista escrevendo em seu braço algumas palavras como: "calma, reservada, graciosa, educada, refinada, pontual". Pouco tempo depois, no encontro com a casamenteira, estas mesmas palavras adquirem sentido, pois elas dizem respeito aos deveres da boa esposa. Para que Mulan possa ser considerada uma noiva ideal ela necessita saber quais são seus deveres, para que ela possa achar um bom par terá de ser "calma, obediente, ter bons modos e muito amor". Sendo assim, nas histórias analisadas há uma ênfase na conexão entre feminino e afetividade. As três narrativas naturalizam o vínculo entre gênero feminino e atributos como sensibilidade, docilidade, paciência e ternura. Ligando o feminino aos atributos mencionados, as representações dos desenhos procuram mostrar que o ideal de feminilidade está estreitamente vinculado ao coração. Justifica-se, assim, o discurso que procura enfatizar que as mulheres são mais dóceis, mais emotivas, mais fracas e dependentes, devido às características físicas que possuem.

Nos desenhos animados são apresentadas determinadas formas de feminilidade (e também de masculinidade), são enfatizados determinados comportamentos, gestos e posturas; são mostradas representações "ideais" de corpo e de aparência.

É possível dizer que os desenhos animados exercem uma pedagogia de gênero e de sexualidade; mais do que isso, parece ser possível afirmar que essa instância cultural é uma das mais efetivas na produção de identidades de gênero e de sexo de crianças e adolescentes.

As narrativas protagonizadas por Ariel, Bela e Mulan, não apenas veiculam determinadas representações de feminilidade e de masculinidade, mas também instauram, produzem, constroem tais representações. Não posso afirmar, seguramente, que efeitos estes desenhos exercem sobre as crianças. No entanto, acredito que, ao assisti-los (como a tantos outros desenhos), as crianças e jovens vão aprendendo, entre outras coisas, o que é ser homem e o que é ser mulher, o que cada um dos gêneros pode/deve fazer; eles e elas se vêem diante de um jeito específico de viver a masculinidade e a feminilidade. A pedagogia de gênero e de sexualidade veiculada nos desenhos é, muitas vezes, sutil, porém está sendo continuamente referida ao longo de todas as histórias.

Diariamente, somos interpelados por uma infinidade de discursos, de imagens, de canções que, de múltiplas formas, acabam por nos constituir em um determinado jeito. A sociedade busca, de modo intencional, através de práticas cotidianas, de palavras aparentemente banalizadas, de uma multiplicidade de discursos, nos constituir como sujeitos pertencentes a uma determinada identidade de gênero, de sexualidade, de classe, de etnia, entre outras.

Vamos aprendendo a ser sujeitos generificados desde o momento em que nascemos e essa aprendizagem ocorre não somente nas instituições sociais formais como a família e a escola. Ela acontece também através da mídia, dos brinquedos, das músicas e dos desenhos animados que integram este universo infantil. E integram, assim acredito, de uma forma bastante significativa, na medida em que "as fronteiras entre entretenimento, educação e comercialização se confundem" (Giroux, 1998: 56).

Ao veicularmos os desenhos nas escolas parece importante reconhecer, portanto, que eles não são simples entretenimentos, mas são instâncias que colocam em circulação uma determinada representação de sexualidade e de gênero as quais, na maior parte das vezes, não questionamos.

Referências bibliográficas

BELL, Elizabeth (1995). Somatexts at the Disney shop - Constructing the pentimentos of women's animated bodies. *In*: BELL, Elizabeth *et al.* (ed.). *From mouse to mermaid: the politics of film, gender, and culture.* Bloomington: Indiana University Press.

GIROUX, Henry (1995). Memória e pedagogia no maravilhoso mundo da Disney. *In*: SILVA, Tomaz Tadeu da. *Alienígenas na sala de aula - Uma introdução aos estudos culturais em educação.* Petrópolis: Vozes.

— (1998). A disneyzação da cultura infantil. *In*: SILVA, Tomaz Tadeu da & MOREIRA, Antônio Flávio (orgs.). *Territórios contestados - Currículo e os novos mapas políticos e culturais.* 2. ed. Petrópolis: Vozes.

JEFFORDS, Susan (1995). The curse of masculinity - Disney's Beauty and the Beast. *In*: BELL, Elizabeth *et al.* (ed.). *From mouse to mermaid: the politics of film, gender, and culture.* Bloomington: Indiana University Press.

LOURO, Guacira Lopes (1997). *Gênero, sexualidade e educação: uma perspectiva pós-estruturalista.* Petrópolis: Vozes.

— (1998). O currículo e as diferenças sexuais e de gênero. *In*: COSTA, Marisa Vorraber (org.). *O currículo nos limiares do contemporâneo.* Rio de Janeiro: DP&A.

STEINBERG, Shirley R. (1997). Kindercultura - A construção da infância pelas grandes corporações. *In*: SILVA, Luiz H. *et al.* (orgs.). *Identidade social e a construção do conhecimento.* Petrópolis: Vozes.

13

Corpos modificados

O saudável e o doente na cibercultura

Os três desejos de todo homem: ser saudável, ser rico por meios honestos e ser belo (Platão).

Nas últimas décadas, em centros de pesquisas, ambientes acadêmicos, artísticos e na mídia em geral, proliferam discursos sobre o anacronismo do corpo humano e a urgente necessidade de remodelagens física e mental para adequar o sujeito aos desafios da atualidade. Quando o assunto é a transformação da anatomia, visando a preservação do vigor, juventude, beleza e aparência saudável, muitos estudos e reportagens enfatizam os avanços tecnológicos, sobretudo na cosmética, medicina, informática, biotecnologias e telecomunicações. Em toda parte está a ressalva de que o corpo se tornou o lugar por excelência das tecnologias - próteses, estimulantes químicos, cirurgias plásticas, implantes e transplantes, mapeamento genético - e a celebração crescente e irreversível do modelo ciborgue (Couto, 2001), misto de organismo e cibernética, como emblema inspirador das novas configurações.

Em meio às discussões, o objetivo do artigo é apresentar o teor dos debates sobre o anacronismo e as reconfigurações do corpo, com destaque para a compreensão do que significa ser saudável e ser doente na cibercultura. A análise é feita a partir dos estudos do artista Stelarc, do filósofo Paul Virilio e do cientista Ray Kurzweil, e culmina na convicção de que o ser humano já está imerso numa era pós-biológica, pós-humana.

O ponto de partida do trabalho é o reconhecimento de que as tecnologias invadem todos os campos da atividade humana, como enfatiza Diana Domingues:

> Hoje, tudo passa pelas tecnologias: a religião, a indústria, a ciência, a educação, entre outros campos da atividade humana, estão utilizando intensamente as redes de comunicação, a informação computadorizada e a humanidade está marcada pelos desafios políticos, econômicos e sociais decorrentes das tecnologias [...]. Os artistas oferecem situações sensíveis com tecnologias, pois percebem que as relações do homem com o mundo não são mais as mesmas depois que a revolução da informática e das comunicações nos coloca diante do numérico, da inteligência artificial, da realidade virtual, da robótica e de outros inventos que vêm irrompendo no cenário das últimas décadas do século XX (1997: 17).

Desde os anos 80 que o artista australiano Stelarc chama a atenção para o caráter obsoleto de nossos corpos:

> É hora de se perguntar se um corpo bípede, que respira, com visão binocular e um cérebro de 1.400cm^3, é uma forma biológica adequada. Ele não pode mais dar conta da *quantidade, complexidade e qualidade* de informações que acumulou; é intimidado pela precisão, velocidade e poder da tecnologia e está biologicamente mal-equipado para se defrontar com seu novo ambiente extraterrestre. O corpo é uma estrutura nem muito eficiente, nem muito durável. Com freqüência ele funciona mal e se cansa rapidamente; sua *performance* é determinada por sua idade. É suscetível a doenças e está fadado a uma morte certa e iminente. Seus parâmetros de sobrevivência são muito limitados – o corpo pode so-

breviver somente semanas sem comida, dias sem água e minutos sem oxigênio (1997: 54).

Para o artista, não é mais vantagem permanecer humano ou evoluir como espécie. Quando as tecnologias invadem o corpo a evolução termina:

> Considerar o corpo obsoleto em forma e função pode ser o auge da tolice tecnológica, mas mesmo assim ele pode ser a maior das realizações humanas. Pois é só quando o corpo se torna consciente de sua posição atual que ele pode planejar suas estratégias pós-evolutivas. Não se trata mais de perpetuar a espécie humana por meio da *reprodução*, mas de intensificar a relação masculino-feminino através da interface homem-máquina. *O corpo é obsoleto*. Estamos no fim da filosofia e da fisiologia humana (1997: 54).

O anúncio de que o corpo se tornou obsoleto não traz nenhuma catástrofe. Não se trata do fim do corpo, mas do ocaso de um certo modelo, de uma concepção do que é o corpo, do que é o homem. Ao mesmo tempo, este anúncio põe em cena simultaneamente a construção de um outro modelo, de um outro corpo, mixado com as máquinas pós-industriais. É a tecnologia contemporânea que cria o ambiente e as condições necessárias para a remodelagem física e mental dos novos sujeitos. Para o artista, diante da realidade de que o corpo é cada vez mais alimentado por máquinas, vivemos em estado de urgência: tornou-se imprescindível reprojetar o corpo.

> Não faz mais sentido ver o corpo como um lugar para a psique ou o social, mas sim como uma estrutura a ser monitorada e modificada. O corpo não mais como um sujeito, mas como um objeto – *não um objeto de desejo, mas um objeto de projeto*. O período psicossocial foi caracterizado pelo corpo que girava em torno de si mesmo, *orbitava ao redor de si, iluminava e inspecionava a si mesmo*

por meio de estímulos físicos e de contemplação metafísica. Mas, tendo confrontado sua imagem de obsolescência, o corpo é traumatizado para se separar do domínio da subjetividade e considerar a necessidade de reexaminar e, possivelmente, reprojetar sua própria estrutura. *Alterar a arquitetura do corpo resulta em ajustar e estender sua consciência do mundo*. Como um objeto, o corpo pode ser ampliado e acelerado atingindo a velocidade de fuga planetária. Ele se torna um míssil pós-evolutivo, *afastando-se e diversificando-se* em forma e função (1997: 55).

Projetar um corpo mais autônomo, eficiente e durável. Nesse panorama do homem cada vez mais assistido por máquinas e seus *softwares* surge um novo problema filosófico: redefinir o que é ser humano. Para o filósofo francês Paul Virilio, o lugar da técnica é inseparável de *do lugar* da técnica. Após a conquista do espaço, com os meios de transporte; após a conquista do tempo, com os meios de comunicação; agora vivemos a colonização da *intra-estrutura* do corpo. A fantástica contração dos espaços pela velocidade e pela miniaturização das máquinas transforma radicalmente nossos ritmos mais íntimos. Com a revolução nanotecnológica (as tecnologias do infinitamente pequeno) chegamos à progressiva colonização dos órgãos e das vísceras do corpo animal do homem, pois se tornou possível à intrusão fisiológica.

De facto, assistimos às primícias de uma terceira revolução: depois da revolução dos transportes do século XIX, que viveu o impulso do sistema ferroviário, do automóvel e depois da aviação, fomos testemunhas no século XX da segunda revolução, a revolução das transmissões, graças à realização de difusão instantânea das ondas electromagnéticas, com o rádio e o vídeo. Actualmente prepara-se no segredo dos laboratórios a *revolução das transplantações*, não apenas com enxertos do fígado, dos rins, do coração ou dos pulmões, mas com o implante de

> novos *estimuladores*, ainda mais performativos que o *pacemaker*, e o enxerto para breve de micromotores capazes de substituir o funcionamento defeituoso deste ou daquele órgão natural, e até de melhorar, para uma pessoa de perfeita saúde, os processos vitais deste ou daquele sistema fisiológico, graças a detectores instantaneamente interrogáveis à distância (2000: 79).

Para Stelarc e Virilio a remodelagem não se refere apenas à manipulação estética da superfície do corpo. Não se trata somente do aprimoramento físico por meio da ginástica, musculação, *body building*. A remodelagem é uma estratégia que implica e exige a modificação continuada do corpo. O que está posto no centro das pesquisas e dos experimentos é a capacidade de modificar a infra-estrutura do ser vivo e alimentá-lo com técnicas estimulantes.

A modificação contínua do corpo pelas tecnologias esgota a compreensão antropológica e filosófica do humano. Autores como Hans Moravec e Robert Pepperell enfatizam que a dimensão comportamental das tecnologias interativas nos coloca diante do pós-biológico. Para eles, o ser humano tem alterado significativamente seu poder de processar as informações através de uma interação progressiva com as máquinas. O corpo humano, pelo diálogo com os *softwares*, se conecta com cérebros eletrônicos que nos levam a processos físicos, cognitivos e mentais em parceria com os sistemas computacionais. Com esta progressiva simbiose homem-máquina, fica cada vez mais difícil entender o que é o humano, na sua concepção tradicional. Por esta razão, esses pesquisadores preferem o termo pós-humano. O pós-humano caracteriza a atual situação em que a sensibilidade humana, no começo do século XXI, está se fazendo em ambientes tecnologizados. E a presença decisiva das tecnologias em nosso ambiente e, principalmente, em nossos corpos, indica que estamos reinventando a vida, determinando uma outra natureza para a espécie.

Novos passos para a redefinição dessa outra natureza e do que é o ser humano na cibercultura estão sendo dados por Ray Kurzweil. Para o cientista, o pós-humano se realiza na versão 2.0 do homem. É um fato que o corpo se tornou obsoleto, que a versão 1.0 do humano, projetada pela natureza, está defasada e em muitos aspectos superada. O problema agora é modificar e transgredir as funções tradicionais de órgãos, membros e vísceras atribuindo-lhes novos significados. O desafio é projetar, construir e atualizar continuamente o homem pela tecnologia. A partir daí, o homem passa a ser definido pela tecnologia, pelas próteses e equipamentos bioeletrônicos que compõem a sua corporalidade. Na atualidade, o artifício, a técnica, passa a ser a nova natureza do humano. O salto antropológico e filosófico é dado com o projeto de construção, em diversas etapas e graus de complexidade, do que ele denomina ser humano versão 2.0.

> Nós não projetaremos o corpo humano versão 2.0 de uma só vez. Será um processo contínuo, que já está em andamento. Apesar de a versão 2.0 ser um grande projeto, que por fim resultará em uma melhora radical de todos os nossos sistemas físicos e mentais, nós a implementaremos a um passo benigno de cada vez. Baseados em nosso conhecimento atual, nós já podemos tocar e sentir os meios para atingir cada aspecto dessa visão (2003: 05).

As intensas transformações pelas quais o corpo está passando e, segundo os prognósticos, ainda passará, apresentam um conjunto de promessas, temores, sonhos e realizações inteiramente novos. Cada vez mais existe menos hiato entre a imaginação e o que pode ser realizado. A utopia tecnológica do corpo perfeito é, simultaneamente, idealizada e construída.

O que essa utopia promove é a indústria do *design* corporal que se converte num autêntico hino à liberdade. É anunciado a cada instante que cada um pode dispor das formas sonhadas, modificar e compor a aparência desejada, reforçar e dinamizar o funcionamento do seu organismo. A ditadura do corpo único, quase sempre problemático, cheio de defeitos e limitações pode e deve ser substituído por múltiplas escolhas, pela versão anatômica adequada a cada ocasião ou *performance* que o indivíduo deseja. O que se festeja é o fato de que praticamente cada parte do corpo pode ser trocada, refeita, reconfigurada. O corpo passa a ter uma estrutura modulável e as "peças" envelhecidas, cansadas, doentes, podem ser substituídas, atualizadas, potencializadas.

É praticamente impossível não se deixar seduzir pelas promessas de felicidade de um corpo maleável, funcional e hiperativo. A cultura do corpo na atualidade ressalta que cada um é empresário da sua própria aparência e, por isso, deve recorrer à atualização tecnológica permanente. Para sobreviver nesses tempos velozes é preciso aderir aos diversos rituais do auto-*upgrade* cotidiano.

Esta mentalidade já está instalada em nosso meio. Não por acaso vivemos, dentre outras estratégias, a popularização deliciosa das cirurgias plásticas. De acordo com Le Breton

> Ao mudar o seu corpo o indivíduo entende mudar a sua vida, modificar seu sentimento de identidade. A cirurgia estética não é a metamorfose banal de uma característica física sobre o rosto ou o corpo, ela opera no imaginário e exerce uma incidência na relação do indivíduo com o mundo (1999: 26).

Num passado recente, as cirurgias plásticas eram "restauradoras". Visavam reconstituir partes do corpo, devolver a inteireza perdida: eliminar marcas profundas deixadas por um acidente, recompor, por meio de próteses, um membro ou órgão perdido, mutilado. Esta etapa já foi praticamente superada. Atualmente, os números de cirurgias com este objetivo são cada vez menores. No presente, multiplicam as cirurgias plásticas "modificadoras", aquelas que visam alterar, corrigir, aperfeiçoar traços e funcionamentos de partes do corpo apenas para atender ao desejo do sujeito de ser diferente, isto é, adequar o corpo aos modelos considerados adequados e que merecem ser exibidos e cultuados. A guerra contra as rugas, a gordura e os volumes indesejados se manifesta na democratização da cirurgia estética, que aparece cada vez mais desdramatizada. Mas o ápice desse processo parece apontar para o início de uma nova fase, a das cirurgias plásticas "transgressoras", as que prometem transgredir os funcionamentos tradicionais do corpo e atribuir-lhes outras funções e significados.

Um exemplo de como uma parte do corpo pode ser transgredida e destinada provisoriamente a outra finalidade pode ser obtido numa performance de Stelarc: a escultura dentro do estômago. Tradicionalmente o estômago sempre foi um "depósito", um "processador" de alimentos. Mas, para o artista, pode ser muito mais: pode ser uma galeria, pode conter e exibir obra de arte.

> A intenção foi projetar uma escultura para um estômago dilatado. A idéia foi inserir uma obra de arte no interior do corpo – situar a escultura num espaço interno. O corpo tornar-se oco, sem distinções importantes entre espaço público, privado, fisiológico. *A tecnologia invade o corpo e funciona dentro dele não como um substituto protético, mas como um ornamento estético* (1997: 57).

O próprio artista explica como desenvolveu a sua obra:

> A estrutura está comprimida dentro de uma cápsula de 50 mm x 14 mm e amarrada à sua caixa de controle; ela é engolida e introduzida no estômago. O estômago é inflado com ar, usando-se um endoscópio. Um painel de circuitos lógicos e um servomotor abrem a escultura e a estende, usando um cabo flexível e extensível, até a dimensão de 80 mm x 50 mm. Uma campainha piezoelétrica toca em sincronia com uma lâmpada que pisca dentro do estômago. A escultura é uma estrutura de extensão/retração, que emite sons e é auto-iluminada. (Ela é fabricada usando-se metais para implante, como titânio, aço inoxidável, prata e ouro.) A escultura retrai-se para dentro de sua cápsula a ser removida. Como um corpo, não se observa mais a arte, não se age mais como arte, mas se

contém arte. *O corpo oco torna-se um hospedeiro, não para um eu ou uma alma, mas simplesmente para a escultura* (1997: 57).

Se o experimento de Stelarc parece apontar a transgressão radical de uma parte do corpo, não podemos esquecer que as atualizações corporais, por meio de cirurgias e estimulantes químicos, são cada vez mais comuns. Modificar e transgredir os limites do corpo estão se tornando novos desejos de consumo. Para Kurzweil, já são etapas decisivas e avançadas da construção do ser humano versão 2.0.

Um exemplo citado pelo cientista para a transgressão do corpo é a reprodução da espécie na contemporaneidade. O sexo já está bastante desvinculado de sua função biológica. Muitas pessoas ainda recorrem ao sexo tradicional, aquele do embate dos corpos, para se aproximarem intimamente e obter prazer. Não mais para a reprodução. São muitas as técnicas para gerar bebês: da inseminação artificial à possível clonagem de humanos, o leque de escolhas não cessa de ampliar. Para a reprodução, a atividade sexual deixou de ser uma necessidade e se converteu numa opção, talvez progressivamente abandonada.

Kurzweil acredita que, assim como acontece hoje com a reprodução, nas próximas décadas boa parte das estruturas biológicas serão inúteis, pois uma série de minúsculos robôs cumprirá as mais diversas funções do corpo. Nossos corpos se desenvolveram em uma era muito diferente da atual e é “normal” que as mutações promovidas pelas tecnologias se acelerem. De acordo com o cientista, muitas mudanças já ocorrem, por exemplo, com a nossa alimentação, que é cada vez mais líquida e pastosa. Espera-se, em breve, uma verdadeira revolução no abastecimento dos corpos.

O autor enfatiza que já temos os meios para sobreviver sem comer, usando alimentação intravenosa. E isso significa que é preciso levar adiante a reengenharia fundamental de todo o processo digestivo. O aspecto sensual do comer será progressivamente desconectado de seu propósito biológico natural. Não será difícil

> Prover nutrientes para a corrente sanguínea, que são entregues a cada uma de nossos trilhões de células. Esses nutrientes incluem substâncias calóricas (portadoras de energia) como a glicose (de carboidratos), proteínas, gorduras e uma miríade de moléculas de outros compostos, como vitaminas, minerais e elementos fitoquímicos, que proporcionam blocos de montagem e enzimas facilitadoras para diversos processos metabólicos (2000: 04).

Segundo Virilio, brevemente toda uma geração de microrrobôs será inserida no corpo, especialmente na corrente sanguínea, para alimentar, supervisionar e explorar o organismo humano. As novas próteses pós-industriais serão esses novos autômatos a povoar o interior do corpo. Estamos

> à espera da futura revolução das transplantações e da ingurgitação de micromáquinas, a alimentação tecnológica do corpo vivo em que os ingredientes, as substâncias não serão apenas as da físico-química dos alimentos ditos "reconstituintes", mas também as dos microprocessadores, implantes "estimulantes" mais ou menos biodegradáveis, máquinas-micróbios, autômatos celulares, capazes, diz-se, de melhorar algumas das nossas faculdades (2000: 81).

Kurzweil supõe um método considerado simples para garantir o abastecimento do corpo. Imagina que usaremos uma "veste de nutrição" especial, um cinto ou uma camiseta. Essa veste será carregada de nanorrobôs que carregarão os nutrientes e que entrarão e sairão de nossos corpos através da pele ou outras cavidade.

> Nanorrobôs – robôs do tamanho de uma hemácia – nos darão os meios para refazer radicalmente os nossos sistemas digestivos e, incidentalmente, quase tudo o mais. Em uma fase intermediária, nanorro-

> bôs no sistema digestivo e na corrente sanguínea extrairão de forma inteligente os nutrientes exatos de que precisamos, nos avisarão quais são os nutrientes e suplementos que nos faltam por meio da nossa rede sem fio local e mandarão o restante da comida a caminho da eliminação (2003: 05).

Quando essas tecnologias estiverem de fato disponíveis, assim como aconteceu com o sexo, o ato de comer não estará mais vinculado à função de obter nutrientes. Poderá continuar sendo uma escolha de muitos, baseada apenas no prazer. Comer um acarajé ou uma torta de morango certamente poderá ser indispensável para os viciados em comida. Mas o cientista imagina que todo alimento ingerido por prazer poderá passar por um sistema digestivo desconectado de qualquer absorção por parte da corrente sanguínea.

Stelarc defende que os nanorrobôs além de abastecerem o corpo devem cuidar principalmente da saúde. Serão vigilantes internos sempre atentos e capazes de identificar qualquer indício de problema, pane ou defeito num órgão e, mais especificamente, numa célula.

> É hora de recolonizar o corpo com *robôs microminiaturizados* para aumentar nossa população de bactérias, para ajudar nosso sistema imunológico e monitorar os aparelhos capilares e internos do corpo. O corpo precisa possuir um *sistema de vigilância interno* – os sintomas vêm à tona tarde demais! O ambiente interno do corpo contornaria em grande parte o comportamento dos microrrobôs, acionando assim tarefas particulares. A temperatura, a química sanguínea, a maciez ou a rigidez do tecido, e a presença de obstáculos nos aparelhos fisiológicos, todas poderiam ser indicações primárias de problemas que dariam sinal para os microrrobôs entrarem em ação [...]. Em um nível nanotecnológico, as máquinas habitarão espaços celulares e manipularão estruturas moleculares... o trauma de consertar cor-

> pos danificados ou mesmo reprojetar corpos seria eliminado por uma colônia de nanorrobôs que alterariam delicadamente a arquitetura de dentro pra fora (1997: 59-60).

Kurzweil enfatiza que a construção do homem na versão 2.0 é um processo. Cada órgão e cada idéia têm o seu próprio progresso. A alimentação intravenosa por meio de nanorrôbos é apenas um exemplo, uma real possibilidade. Mas a remodelagem tende a ser completa e, por isso, certamente envolverá etapas que incluirão a programação do sangue, os corações artificiais, outro meio de oxigenação que dispensará os pulmões e nos livrarão das complicações respiratórias. Em outros ciclos, partes do esqueleto poderão ser modificados e os implantes neurológicos substituirão retinas danificadas, eliminarão o mal de Parkinson, dentre outras doenças, e expandirão as nossas mentes. Os implantes neurológicos revolucionarão a nossa capacidade de nos comunicarmos com formas poderosas de inteligência não-biológica. E o cientista esclarece: "Se isso parece futurístico, saiba que máquinas inteligentes já estão encontrando o caminho para o nosso fluxo sanguíneo".

A reengenharia do corpo humano, a construção progressiva e acelerada do corpo em sua versão 2.0, indica que a lei da seleção natural está sendo substituída pela lei da seleção técnica. A noção de obsolescência do corpo e a busca intensa do emprego da supervitalidade biotecnológica trazem novos significados para a exclusão e a inclusão dos sujeitos na sociedade contemporânea.

Virilio usa o termo "corpo válido" para se referir ao homem superequipado pelas próteses teleinformáticas e biotecnológicas, que atualizam e aceleram continuadamente o físico e a mente. Usa o termo "corpo in-válido" para se referir ao sujeito que persiste na defasagem da configuração biológica tradicional. De um lado, está uma ampla maioria condenada à condição de subumanos, com suas deficiências. De outro, uma minoria capaz de se reprojetar e se reconstruir tecnicamente, ultrapassando os limites da configuração biológica; os que conseguem atingir a categoria e o *status* de pós-humanos. Entre eles, muitos de nós, esperançosos, ávidos, antenados, ansiosos, sintonizados, realizando esforços para acoplar sempre mais os nossos corpos às tecnologias avançadas, buscando a transmutação, o próximo *upgrade* em nome da eficiência, da beleza, da juventude, da boa forma, enfim, da saúde total e de uma vida longa, muito longa.

Essas tendências solicitam redefinições de termos como "saudável" e "doente". Num passado recente a saúde era considerada um estado de equilíbrio orgânico. Hoje, é o brilho efêmero de uma *performance* sempre mutável. O objetivo da medicina está deixando de ser a cura. Fala-se mais em probabilidades, propensões, tendências. A palavra-chave é prevenção. O indivíduo precisa estar vigilante, prever e administrar riscos que devem ser imediatamente detectados nos exames informatizados. Não é a doença propriamente dita que é perseguida e curada. É o risco "provável" da doença que deve ser combatido, antes que ela se manifeste.

O imperativo da saúde, por intermédio da engenharia genética, visa a assepsia total do corpo. Nela se inscrevem os ideais da saúde perfeita (Sfez, 1996: 27-33). Radiografado, auscultado em suas menores dobras, substituído por pedaços, enxertados em todos os sentidos; alimentado e vigiado por micromáquinas e sensores, o corpo não cessa de ser manipulado, reconstruído e transgredido pelas próteses e técnicas da informática e da biologia molecular. Tudo está nos nossos genes, inclusive as ameaças fatais. A limpeza dos perigos deve ser feita em cada célula onde a ameaça pode estar instalada. Esse corpo, progressivamente purificado, cristaliza na cibercultura todos os anseios de perfeição e eternidade (Couto, 2000: 237).

As estratégias para garantir a saúde perfeita põem em circulação e popularizam um amplo *menu* de medidas preventivas. Da alimentação aos esportes, das vitaminas aos psicofármacos, das cirurgias às terapias, tudo serve para metamorfosear e acelerar o corpo. É necessário superar limites, vencer barreiras, operar correções, equipar a infra-estrutura do corpo para deixá-lo mais eficiente, produtivo, performático, saudável e "válido".

A obsessão pelo corpo purificado de qualquer mal e revigorado pelas tecnologias também tem as suas contradições. Se a saúde passa a ser vista como uma construção que requer a atualização do corpo por intermédio das tecnologias avançadas, a doença passa a ser considerada o desleixo, a conformidade com formas físicas defasadas, um erro provável, uma tendência inscrita nos genes. Concebida assim como tendência, a doença se torna endêmica e todos os sujeitos passam a ser definidos como virtualmente doentes e "in-válidos", por mais equipados que estejam.

O que a tecnociência propaga é que é necessário conhecer cada detalhe da informação contida nas moléculas para prever e frear seu possível desenvolvimento. Isto significa que as medidas de prevenção e a administração dos riscos exigem corpos tecnicamente flexíveis e recicláveis. Somos todos doentes, virtualmente doentes, obsoletos e inválidos, mas eternos perseguidores da saúde total. O saudável não é mais necessariamente um estado físico e mental, mas essa nova mentalidade – para a qual devemos ser educados – que ressalta a condição de busca, a atualização constante, o aperfeiçoamento contínuo, a promoção de novos e variados *upgrade*. Saudável passa a ser o sujeito que luta ferozmente contra o seu próprio destino, isto é, contra a sua configuração biológica. É aquele que transgride, se programa, se constrói, reelabora múltiplas versões do seu *design* corporal e se enquadra conforme os modelos e as exigências do pós-humano. Este é o nosso desafio. Esta é a nossa aventura.

Referências bibliográficas

COUTO, Edvaldo Souza (2000). *O homem-satélite – Estética e mutações do corpo na sociedade tecnológica*. Ijuí: Unijuí.

— (2001). O zumbido do híbrido – A filosofia ciborgue do corpo. *Revista Margem*, n. 13, p. 85-99. São Paulo: Educ.

DOMINGUES, Diana (1997). A humanização das tecnologias pela arte. *In*: *A arte no século XIX - A humanização das tecnologias*. São Paulo, Unesp.

KURZWEIL, Ray (2003). Ser humano versão 2.0. *Folha de S. Paulo*, Caderno Mais, 23/03 [Texto original no site www.kurzweilai.net].

LE BRETON, David (1999). *L'adieu au corps*. Paris: Métailié.

SFEZ, Lucien (1996). *A saúde perfeita - Crítica de uma nova utopia*. São Paulo: Loyola [Tradução de Marcos Bagno].

STELARC (1997). Das estratégias psicológicas às ciberestratégias: a protética, a robótica e a existência remota. *In*: DOMINGUES, Diana (org.). *A arte no século XIX - A humanização das tecnologias*. São Paulo: Unesp [Tradução de Flavia Saretta].

VIRILIO, Paul (1996). *A arte do motor*. São Paulo: Estação Liberdade [Tradução de Roberto Pires].

— (2000). A *velocidade de libertação*. Lisboa: Relógio d'Água [Tradução de Edmundo Cordeiro].

Sobre os/as participantes

Alex Branco Fraga é mestre em Educação e professor da Escola de Educação Física da Universidade Federal do Rio Grande do Sul. Atualmente faz o curso de doutorado no Programa de Pós-graduação em Educação da Universidade Federal do Rio Grande do Sul. Autor do livro *Corpo, identidade e bom-mocismo – Cotidiano de uma adolescência bem comportada*, editado pela Autêntica, em 2000. E-mail: alexbf@esef.ufrgs.br

Claudia Rael é mestre em Educação e licenciada em Pedagogia pela Universidade Federal do Rio Grande do Sul. Atua como professora em Porto Alegre, em escolas da rede pública municipal e estadual. E-mail: cc.rael@terra.com.br

Dagmar E. Meyer é doutora em Educação e enfermeira. Professora dos cursos de graduação e pós-graduação da Faculdade de Educação da Universidade Federal do Rio Grande do Sul. É coordenadora do Geerge desde 2000. Pesquisadora do CNPq. Entre suas publicações, destaca-se o livro *Identidades traduzidas – Cultura e docência teuto-brasileira-evangélica no Rio Grande do Sul*, editado pela Edunisc, em 2000. E-mail: esterman.ez@brturbo.com

Edvaldo Couto é doutor em Educação. Professor de Estética do Departamento de Filosofia da Universidade Federal da Bahia. Professor/orientador do Programa de Pós-graduação em Filosofia e em Educação – UFBA. Autor, entre outros, de *O homem-satélite – Estética e mutações do corpo na sociedade tecnológica,* publicado pela Editora Unijuí, 2000 e *Transe-*

xualidade – O corpo em mutação, publicado pela Editora GGB, 1999. E-mail: edvaldo@ufba.br

Guacira Lopes Louro é doutora em Educação e licenciada em História. Professora do Programa de Pós-Graduação em Educação da Universidade Federal do Rio Grande do Sul, foi organizadora do Geerge e sua coordenadora de 1990 a 1999. Entre suas publicações destacam-se *Gênero, sexualidade e educação,* editado pela Vozes em 1997, e *Currículo, gênero e sexualidade,* da Porto Editora, de Portugal, em 2000. E-mail: gllouro@portoweb.com.br

Jane Felipe é doutora em Educação, psicóloga e licenciada em Psicologia. Professora dos cursos de graduação e pós-graduação da Faculdade de Educação da Universidade Federal do Rio Grande do Sul e pesquisadora do CNPq. E-mail: janefs@orion.ufrgs.br

Jimena Furlani é mestre em Educação. Professora nos cursos de graduação e pós-graduação da Universidade do Estado de Santa Catarina (Udesc). Bacharel e licenciada em Ciências Biológicas pela UFSC, atualmente cursa o doutorado no Programa de Pós-graduação em Educação da Universidade Federal do Rio Grande do Sul. É autora de *Mitos e tabus da sexualidade humana*, publicado pela Cepec (1ª ed.: 1998) e pela Autêntica (2ª ed.: 2003). E-mail: jimena@portoweb.com.br

Márcia Luiza Figueira é mestre em Ciências do Movimento Humano pela Universidade Federal do Rio Grande do Sul e licenciada em Educação Física pela Universidade Federal do Mato Grosso. E-mail: marfig@terra.com.br

Rosângela Soares é mestre em Educação, psicóloga e licenciada em Psicologia pela Universidade Federal do Rio Grande do Sul. Professora da Faculdade de Educação da UFRGS, atualmente faz o curso de doutorado nesta mesma instituição. E-mail: rosangel@portoweb.com.br

Rosimeri Aquino da Silva é mestre em Educação e socióloga. Professora universitária da Facos – Osório, nos cursos de Pedagogia, Letras e Educação Física. Atualmente, faz o curso de doutorado no Programa de Pós-graduação em Educação da Universidade Federal do Rio Grande do Sul. E-mail: rosimeri_silva@ig.com.br

Ruth Sabat é mestre em Educação e doutoranda do Programa de Pós-graduação em Educação da Universidade Federal do Rio Grande do Sul. É licenciada em Ciências Sociais pela Universidade da Amazônia. E-mail: ruthsabat@ig.com.br

Sandra Andrade é mestre em Educação e licenciada em Pedagogia pela Universidade Federal do Rio Grande do Sul. Atualmente, atua como professora na Faculdade de Educação da UFRGS e na Faculdade de Pedagogia da Instituição Educacional São Judas Tadeu. E-mail: santosa@terra.com.br

Silvana Goellner é doutora em Educação. Professora na graduação e pós-graduação do Curso de Educação Física da Universidade Federal do Rio Grande do Sul. É Coordenadora do Centro de Memória do Esporte da Esef/UFRGS e Pesquisadora do CNPq. Atualmente, coordena o Grecco – Grupo de Estudos sobre Cultura e Corpo. Entre suas publicações destaca-se *Bela, maternal e feminina – Imagens da mulher na Revista Educação Physica,* editada pela Unijuí em 2003. E-mail: goellner@terra.com.br

Mais informações sobre os/as autores/as e suas publicações encontram-se nos sites dos grupos: Geerge (www.ufrgs.br/faced/geerge), Grecco (www.ufrgs.br/esef/ceme/grecco).

Sobre os grupos de estudo

Geerge – O *Grupo de Estudos de Educação e Relações de Gênero* constitui-se num grupo de docentes e estudantes ligados ao Programa de Pós-graduação em Educação da Universidade Federal do Rio Grande do Sul que se dedica, desde 1990, a atividades de investigação e ensino. Gênero, sexualidade, etnia, classe, religião, nacionalidade, em articulação com a educação, constituem-se no foco de atuação do grupo. Teorizações pós-estruturalistas, particularmente aquelas produzidas no campo dos Estudos Feministas, dos Estudos Culturais, dos Estudos Gays e Lésbicos e da Teoria *Queer* são suas referências centrais. Na *Internet*: www.ufrgs.br/faced/geerge

Grecco – O *Grupo de Estudos sobre Cultura e Corpo* foi criado em 2002 e é formado por docentes e estudantes ligados ao Programa de Pós-graduação em Ciências do Movimento Humano da Universidade Federal do Rio Grande do Sul. Vinculado ao Centro de Memória do Esporte, tem desenvolvido atividades de pesquisa, ensino e extensão privilegiando temas e teorizações no campo das ciências humanas e suas interfaces com a Educação Física. Na *Internet*: www.ufrgs.br/esef/ceme/grecco

EDITORA VOZES

SEDE E SHOWROOM

PETRÓPOLIS, RJ
Internet: http://www.vozes.com.br
(25689-900) Rua Frei Luís, 100
Caixa Postal 90023
Tel.: (0xx24) 2233-9000
Fax: (0xx24) 2231-4676
E-mail: vendas@vozes.com.br

UNIDADE DE VENDA NO EXTERIOR

PORTUGAL
Av. 5 de Outubro, 23
R/C 1050-047 Lisboa
Tel.: (00xx351 21) 355-1127
Fax: (00xx351 21) 355-1128
E-mail: vozes@mail.telepac.pt

UNIDADES DE VENDA NO BRASIL

BELO HORIZONTE, MG
Atacado e varejo
(30130-170) Rua Sergipe, 120 – loja 1
Tel.: (0xx31) 3226-9010
Fax: (0xx31) 3222-7797
Varejo
(30190-060) Rua Tupis, 114
Tel.: (0xx31) 3273-2538
Fax: (0xx31) 3222-4482

BRASÍLIA, DF
Atacado e varejo
(70730-516) SCLR/Norte, Q. 704, Bl. A, nº 15
Tel.: (0xx61) 3326-2436
Fax: (0xx61) 3326-2282

CAMPINAS, SP
Varejo
(13015-002) Rua Br. de Jaguara, 1097
Telefax: (0xx19) 3231-1323

CUIABÁ, MT
Atacado e varejo
(78005-970) Rua Antônio Maria Coelho, 197 A
Tel.: (0xx65) 623-5307
Fax: (0xx65) 623-5186

CURITIBA, PR
Atacado e varejo
(80020-000) Rua Voluntários da Pátria, 41 – loja 39
Tel.: (0xx41) 233-1392
Fax: (0xx41) 224-1442

FLORIANÓPOLIS, SC
Atacado e varejo
(88010-030) Rua Jerônimo Coelho, 308
Tel.: (0xx48) 222-4112
Fax: (0xx48) 222-1052

FORTALEZA, CE
Atacado e varejo
(60025-100) Rua Major Facundo, 730
Tel.: (0xx85) 3231-9321
Fax: (0xx85) 3221-4238

GOIÂNIA, GO
Atacado e varejo
(74023-010) Rua 3, nº 291
Tel.: (0xx62) 3225-3077
Fax: (0xx62) 3225-3994

JUIZ DE FORA, MG
Atacado e varejo
(36010-041) Rua Espírito Santo, 963
Tel.: (0xx32) 3215-9050
Fax: (0xx32) 3215-8061

LONDRINA, PR
Atacado e varejo
(86010-160) Rua Senador Souza Naves, 158 C
Tel.: (0xx43) 3337-3129
Fax: (0xx43) 3325-7167

MANAUS, AM
Atacado e varejo
(69010-230) Rua Costa Azevedo, 105 – Centro
Tel.: (0xx92) 3232-5777
Fax: (0xx92) 3233-0154

PETRÓPOLIS, RJ
Varejo
(25620-001) Rua do Imperador, 834 – Centro
Telefax: (0xx24) 2246-5552

PORTO ALEGRE, RS
Atacado e varejo
(90010-273) Rua Riachuelo, 1280
Tel.: (0xx51) 3226-3911 e 3225-4879
Fax: (0xx51) 3226-3710

RECIFE, PE
Atacado e varejo
(50050-410) Rua do Príncipe, 482
Tel.: (0xx81) 3423-4100
Fax: (0xx81) 3423-7575

RIO DE JANEIRO, RJ
Atacado
(20031-143) Rua México, 174 – sobreloja – Centro
Tel.: (0xx21) 2215-6386
Fax: (0xx21) 2533-8358
Varejo
(20031-143) Rua México, 174 – Centro
Tel.: (0xx21) 2215-0110
Fax: (0xx21) 2533-8358

SALVADOR, BA
Atacado e varejo
(40060-410) Rua Carlos Gomes, 698 A
Tel.: (0xx71) 3329-5466
Fax: (0xx71) 3329-4749

SÃO PAULO, SP
Atacado
(03168-010) Rua dos Trilhos, 623/627 – Moóca
Tel.: (0xx11) 6693-7944
Fax: (0xx11) 6693-7355
Varejo
(01006-000) Rua Senador Feijó, 168
Tel.: (0xx11) 3105-7144
Fax: (0xx11) 3107-7948
Varejo
(01414-000) Rua Haddock Lobo, 360
Tel.: (0xx11) 3256-0611
Fax: (0xx11) 3258-2841

PARCERIAS

APARECIDA, SP
Varejo
Amanda Carine Chagas Arneiro – ME
(12570-000) Centro de Apoio aos Romeiros, Setor "A", Asa "Oeste"
Rua 02 e 03 – lojas 111/112 e 113/114
Telefax: (0xx12) 3104-1117

BOA VISTA, RR
Varejo
Nepomuceno e Padilha Com. de Livros Ltda. – ME
(69301-110) Av. Major Williams, 5408 – Centro
Telefax: (0xx95) 624-1221 e 224-6047

CAMPOS DOS GOITACAZES, RJ
Varejo
W.T. Castro Livraria e Papelaria Ltda
(28027-140) Rua Visconde de Itaboraí, 169 – Parque Rosário
Tel.: (0xx22) 2735-0003 e 2733-0967
Fax: (0xx22) 2733-0807

SÃO LUÍS, MA
Varejo
J.M.F. de Lira Comércio e Representações de Livros e Artigos Religiosos
(65010-440) Rua da Palma, 502 – Centro
Tel.: (0xx98) 3221-0715
Fax: (0xx98) 3231-0641

xx – CÓDIGO DAS PRESTADORAS DE SERVIÇOS TELEFÔNICOS PARA LONGA DISTÂNCIA.